U0016098

你的愛情 就像 你自己

全美暻／著　徐若英／譯

SBS常駐心理師，
集15年諮商經驗，找到愛的解答

【前言】 以戀人為名的緣分

　　在生命中，我們都曾和許多人相聚又分離。不同深度、距離與性質的緣分在身邊圍繞、離散又重聚。然而在這些緣分中，以「戀人」為名而展開的你和他的相遇，是最特別的。

　　這樣的相遇可能會開花結果，也可能以彼此留下傷痕的方式結束，當然也可能有人正苦於和戀人糾葛不清，卻無法割捨感情，那是因為無論如何，你仍深愛著對方的緣故。

　　愛情是如此的簡單明瞭，為什麼我們卻覺得好難？與來門診諮詢的個案一起東南西北聊過許多話題後，我發現結論只有一個，那就是他們都渴望真正的愛情，卻不得其門而入。

　　他們經由電影、戲劇節目或小說有些間接感受的經驗，也經歷過幾場分手收場的戀愛……雖然有了戀愛的親身經歷，但關於什麼是真正的愛情，還是很茫然。

　　究竟要怎麼做，才能得到真正幸福的愛情？

　　擔任精神科醫師十五年來，我常和許多人探討愛情的煩惱，除了參考各種心理學著作，也積極地試圖從代表人類歷史的人文學尋找解答，本書可以說網羅了有助於各位追求理想愛情的

所有經驗。

　　愛情是你和對方相遇而來的產物，但如何讓愛情呈現美麗的色彩，是你自己的責任。

　　狐狸讓小王子有所領悟的那一番話，頗具深義：

　　世界上的玫瑰這麼多，需要你且被你需要的玫瑰，在這宇宙中卻僅只一朵，就是被你留在星球上的那朵玫瑰。

　　彼此習慣了被馴養之後，世界從此充滿了只有你自己才能感受的意義。

　　彼此相繫的馴養關係是賦予了責任的。人們不再記得這個真理，但是你可不能忘記。這一切是肉眼無法看見的，只能用你的心去體會。

　　世上有很多玫瑰，但由小王子細心灌溉、遮風擋雨，甚至用玻璃遮罩蓋住加以保護、幫忙除蟲，因為那是小王子的玫瑰。

　　雖然偶爾玫瑰會抱怨、生氣，卻仍然願意綻放美麗的花朵，並且守候在小王子身旁，因為那是玫瑰的小王子。

　　像這樣從表面看來，愛情只是你我和他的關係，但是深入探究這層關係就能發現，像小王子或玫瑰那樣，在各自的立場為對方默默盡力的身影，決定了他們愛情的模樣。

　　和另一個人相愛，是你在為自己的一段關係全力以赴。一如

小王子努力幫玫瑰除蟲，而玫瑰也願意體諒即將離開行星的小王子，默默地自我安慰那樣。

你的愛情是與你連結而來的另一個面貌，因此了解自己並用心對待，就能擁抱幸福。但願所有閱讀這本書的人都擁有一段美好的愛情，你／妳一定會有屬於自己的美好愛情。

目錄

·

Contents

CHAPTER

1

愛之語

Words of Love

·

愛也好，傷也好
都是從一句話開始的

「你為什麼喜歡我？」的理想回答

「你為什麼喜歡我？」

這是在交往一段時間後的情侶間，很常見的對話。

其實怎麼回答並不重要，你甚至可以說「因為你的鎖骨很美」「你的腳趾很好看」。重要的是根據狀況和對方心思來回答的態度。只需要深情的看著戀人的雙眼，然後真誠的讚美對方的任何一件事就可以了。

對方其實也不是真的在期待什麼樣的答案，只是為了要確認他在你的心目中是可以問這種問題的，一個特別的人。即便是這種對人生毫無意義的閒聊，能得到對方的認同也是一件重要的大事。

所以被問到這種問題時，只要隨性的給個答案，或是誠實說出你想到的答案就可以了。不妨輕柔的撫摸一下對方的頭，或是在手背、額頭上親吻一下以示敬意，會有更好的效果。

到這裡，是一般正在交往的戀人間關於「你為什麼喜歡我」的答案。至於起初為什麼會選擇這個人當戀人並開始戀愛這個問題，說來就有點複雜了。

其實很多時候你自己也不知道該怎麼解釋，硬要說的話，那

就是因為有好感，或是有吸引力。但儘管有高顏值或是身材迷人、很會賺錢等這些大家熟悉的外在條件，有時候我們也會沒有任何的理由，無關乎條件的喜歡上對方。

來說說真正的解答吧。我們會和某個人陷入愛情通常有兩個因素，第一個是基於「缺乏」（deficiency），第二個是對「欲望」（desire）的追求。

舉個例子，缺乏父母親情感關注的狀態下長大的人，會渴望對方的愛情。當某人給予溫柔的對待，對那個人的情感會瞬間放大。小時候因為失去父親而缺乏父愛的人，長大後傾向於選擇年齡差距大的人當戀人也是常見的例子。

接著談談欲望的追求。假設你是一個很喜歡音樂的人，見到有名的鋼琴家時會感到替代滿足或憧憬；假設你是一個嚮往寫作的人，閱讀喜愛作家的每一本作品時，會感受到像是在跟作家一對一對話的幸福感。

我們會和某人陷入熱戀，正是自身的缺乏和欲望在作用。換言之，每個人被吸引的因素不一樣，一點都不客觀。

比如從小遭受周圍排擠的人，就會對認同他存在的戀人盲目加分，對於其他部分則是有意無意地漠視。對戀人喜歡賭博、人際關係有問題、工作表現消極等缺點也會不以為意。

另外，如果戀人令你憧憬的部分是他的優勢，對此之外的缺點就會無比寬容。比如不懂得體諒他人這種有點自私的行為，也會看作是藝術家的怪癖而睜一隻眼閉一隻眼。

　　愛情是無法預測的，假設地球上有十億對情侶，那代表著有十億種愛情和十億種煩惱，都懷抱著各自的幸福在過日子。

當我在你面前
無所顧忌地說出沒有意義的話，
是因為對我而言，
你是一個有意義的存在。

．

I say meaningless things to
the most meaningful person.

絕對不能對心愛之人說的話

　　與心愛之人的關係，是我們結下的人際關係之一。我們和家人與朋友、職場同事之間也都維繫著一層關係，但他們與戀人關係的極大差異是，戀人是對我們影響至深的「重要他人」（significant others）。

　　「重要他人」是指你非常喜歡、也非常喜歡你的人，與你共處許多時光的人、情感與你緊緊相繫，有著親密感的人。除了是絕對值得信賴的人之外，更是你在人生的重要決策中，會放在第一位優先考量的人。最終，是一個強化你的自尊心，並使你的世界變得寬廣、促使你成長的人。

　　可是，有時我們會仗著親密關係以言語刺傷戀人。尤其是當時間越久，彼此關係更親密了，就越覺得沒必要在對方面前保持完美形象時，這種傾向就越明顯。

　　說真的，我們對職場同事這種只是共事、沒有特別意義的他人都會彬彬有禮，為什麼對自己的戀人卻會肆意妄為？

　　感情好的情侶不代表他們之間沒有衝突。比起衝突的內容或是次數，處理衝突的方式將決定彼此關係的質量。

　　有所衝突表示彼此認同、並願意協調兩人的不同，比起衝突

本身，能不能互相協調才是重點。

　　若沒有任何衝突，表示這兩人都沒有坦率的表露自己，或是有一方在單方面遷就對方的要求。因為達成某個目標之後這段關係就算是成功的完成了，所以和保持適當的距離且不重要的他人根本不可能發生衝突。

　　戀人之間在溝通時，不該出現兩個態度：「輕蔑」和「嘲諷」。

　　「輕蔑」是一種看輕對方，讓對方覺得受到侮辱的行為；「嘲諷」是凡事以否定的態度評斷對方。

　　「你就是什麼事都做不好」「聽你說話讓我很厭煩」「你真以為自己做得到嗎？」這些語帶輕蔑和嘲諷的對話，怎麼可能出現在情侶之間？感情如膠似漆、和平相處時說話當然好聽，可是在矛盾的狀況下，很意外的，就是會用這種態度去爭吵。

　　即便不是直接說出口，溝通時，除了說話的內容，還有語氣、感覺、臉部表情、肢體動作、態度等，都會傳達出很多東西。

　　談話時，對於不了解的內容提出疑問時，投以輕蔑的態度或是無奈的苦笑的態度也包括在內。

　　你在準備證照考試、並提到對未來有這樣那樣的規畫時，露出「可能嗎？」的表情，或是質疑地說：「那麼難的考試，不可能考上吧？」擺出不想聽的態度來中斷話題的情況也是一樣的。你是不是也在不自覺的情況下，從心底發出了「輕蔑」和「嘲諷」的訊息呢？

即便是不重要的人，若用「輕蔑」和「嘲諷」的態度對待你，你都會覺得受傷了，更不用說重視的戀人，用這種態度對待你所造成的影響是很深遠的。

無關緊要的人說的話，我們也許免不了因而感到煩躁，甚至於覺得生氣就去跟對方爭論，但我們可以不在意；面對戀人當然也可以有各種應對的方式，但是戀人傳達的「輕蔑」與「嘲諷」的訊息可不同於其他的言詞，會修改你的「自我概念」（self-concept），會讓人覺得「原來我很差勁、我很無知、我是個不值得被愛的人」。

對你而言如此重要的人說的話，怎麼可能毫不在意呢？

與戀人的關係中，比起「你真可愛」「你很討人喜歡」這種肯定的言語，「輕蔑」和「嘲諷」所造成的影響更為深切。傷害對於內心深處的自我，是無法抹滅的傷痕，會令人耿耿於懷、反覆回想。日後當戀人為自己的輕率道歉時，儘管嘴上說沒關係，心裡是真的不可能無所謂的。

比起十次甜言蜜語，一次都不要說忌諱的言語才是重點。不只是情侶之間，在一般的人際關係中，也一定要銘記這一點。

沒有人喜歡和踰越界線的無禮之人來往，我們不會對一個言談之間總是夾帶「輕蔑」和「嘲諷」的人產生好感。為了戀人也為了自己的品格，請把「輕蔑」和「嘲諷」從自己的溝通方式中刪除吧。

現在就表達你的委屈

「有一次，對方的一句話讓我很難過，但是當下我只能把埋怨藏在心裡。現在要翻舊帳已經太遲，而且也不知道要從何說起，我想也許就這麼算了比較好。」

如同這位患者的自白，在生活中，「委屈」應該是戀人最常給我們的感受之一。即使是自認個性爽快的人，一旦面對戀人，也會不自覺地變成心胸狹猛的人。

如果是大問題還可以追究，但如果是連自己也覺得難以開口的小事，就會因為不想讓自己顯得小家子氣而不去計較。

比如戀愛初期，兩人一起吃飯時，一雙眼睛總是捨不得離開你；現在則是你看著他，他盯著手機憨笑，你覺得委屈卻也懶得計較。

深入探究委屈的情感，可以發現背後其實藏著一份「期待」（expectation）。對同儕或同事不會指望什麼，但因為是戀人，所以有著特別的期待。一旦這份期待得不到滿足，就會感到委屈、甚至於演變成口角。

當然，也有可能是你過度解讀了對方的行為。比如對方特別注意手機的狀況，或是為了加班而臨時取消約會，你就忍不住

心想，他是不是不再像以前那樣愛你了？

　　然而一旦以戀人的身分在一起，你就有權利對踏入你領域的人放心地抱怨和生氣，而戀人也有義務接納並關心你的抱怨和鬧彆扭。

　　他該知道他表現愛的方式和以前不一樣，讓你受了委屈，而當你的委屈一再的累積，就可能造成了兩人之間的關係失去平衡。

　　在人際關係中，願意忍受我們埋怨和鬧彆扭的人，僅限於母親、戀人或是陪伴者。儘管信賴這個特殊意義的身分，並在你感到委屈時，能夠放心地向戀人說出心裡的感受，但如果我們不敢對戀人說出可能會被對方嫌棄的言語，意味著我們對自己也不夠坦率。

　　像是發生了某些事，你覺得該體諒對方，實則是在壓抑自己真正的想法，並勉強自己去包容對方，是很常見的情形。如果是真的願意接納對方的狀況，就不會覺得自己是受了委屈。

　　像是戀人近來太忙而冷落你時，你可能會擔心戀人的健康，或是希望自己能夠幫上忙。可是無法體諒、覺得委屈，還自欺欺人勉強自己體諒對方時，心裡的委屈就只能越來越沉重了。儘管心裡覺得「這樣對嗎？」卻仍強顏歡笑、故作堅強，以恰當的話語來收拾善後。

我們為什麼如此無法坦率？是因為情侶關係，所以擔心說錯話造成彼此尷尬？或許是擔心被對方討厭？或許是希望自己在對方眼中看起來好相處？這些都是可能的原因，但最終都是為了希望能給對方個好印象，為了維持這段關係而各自努力。

只是不夠坦率會使人壓抑心裡的壓力，導致委屈的情緒在心裡滋長，如此一來，不僅率先阻斷了讓對方了解你的機會，更妨礙了彼此建立進一步的關係。

你慢慢地不再期待和他約會，積壓的不滿也有可能在某天突然爆發，像森林大火般大吵一架，演變成無法挽回的關係。

無需擔心抱怨和生氣會讓自己看起來不得體。對自己的媽媽生氣時，你不會擔心自己是不是惹人厭，戀人也會把你的抱怨當作是在撒嬌。

儘管不應該做個在不恰當的情況下抱怨、不懂事的戀人，但也不能當個可以用撒嬌來成熟表達不滿，卻錯失機會的愚者。善於掌握這個界線的你，肯定能成為對方眼中充滿魅力的戀人。

對方越靠近，就越退却的你

　　與某人有特殊的關係，意味著這個人知道你最隱密的事。

　　彼此之間的親密、信賴、感情越深，我們也會提高「公開自我」（self-disclosure）的程度。

　　人類對於認同自己的人，都很樂於公開自己，而且這種自我公開有一種互相的傾向。當你樂於公開自己，相對地，對方也會樂於公開他自身。

　　我們以公開自我為基礎，拿捏與他人之間的距離，意即隨時都在衡量和誰要熟識到什麼程度、要公開哪些事。

　　包含朋友、職場同事，甚至是出社會結識的熟人在內，我們會在各自不同的距離下，以不同程度的自我公開相互交流。

　　公開的自我越多、越深入，彼此共有的領域也會更為廣泛，甚至於能預測彼此的想法或是行為。如此一來能減少紛爭了，也能視對方為安全領地，感到安心。自己不為人知的自私、妒忌甚至是醜陋的一面，都可以無所顧忌的展現在對方面前。

　　卸下一層層的外衣，露出各自的真面目之時，兩人的世界會越來越寬廣和堅固。不過有些人無法像這樣公開自我，那就是迴避型依戀的人。

依戀理論主要是探討嬰幼兒對主要照護者的依戀傾向而聞名，後來發展出以嬰幼兒時期的依戀為基礎的成年依戀相關研究，心理學家辛蒂‧哈杉（Cindy Hazan）與飛利浦‧薛佛（Philip Shaver）曾提出下面這些簡明扼要的問題：

成年期依戀傾向的自我檢視

以下問題與你在浪漫的戀愛關係中有過的經驗有關，請抽空回想一下自身經驗，然後回答以下問題。

請看完以下三個說明（A，B，C），選擇最符合各位與戀人狀態的答案。

（A）和他人相處會讓你覺得多少有點不自在，你無法完全的信賴他們。你覺得依賴別人是件困難的事，當有人接近時你會感到緊張。時常有人希望你能夠和他們更了解彼此，而不只是相處自在。

（B）你能夠輕易的與他人親近，樂於去依賴他人，也喜歡他人的依賴。你不害怕別人離開你，也不擔心有誰和你太親近。

（C）別人似乎都不像你所希望的那樣願意和你親近，你經常擔心戀人並不那麼真心愛你或真心想和你在一起。你希望可以和戀人更親近，但是有時對方會覺得有壓力。

出處：Hazan, C, & Shaver, P.R.(1987). Romantic love conceptualized as an attachment process. Journal of Personality and Social Psychology, 52, 511-524.

（Ａ）是無法信賴自己的戀人並試圖拉開距離，多少傾向於保持獨立關係的「迴避型依戀」（insecure-avoidant attachment）。這類型的人在感到壓力時不會尋求安慰，反而會試圖躲得遠遠的。

（Ｂ）是願意信賴戀人，坦然向戀人尋求支持和安慰的「安全感型依戀」（secure attachment）。

（Ｃ）是不斷擔心可能被拋棄，以超出戀人能力所及的程度尋求更強烈親密關係的「焦慮矛盾型依戀」（insecure-ambivalent attachment）。

遇到難題就躲進自己世界的人主要屬於迴避型依戀，他們認為這個世界和他人、戀人都不能相信，所以即使遇到再大的困難，也只能自己去面對。

如果戀人正好是這類依戀型的人，那就只能默默的心疼了。遇到困難時會認為戀人在疏遠自己、覺得自己不被需要而感到落寞，或在心裡回想「是不是我做錯了什麼？是不是對方覺得我幫不上忙，所以不想告訴我？」像這樣拚命猜想各種原因。

如果能看清問題其實不在自己而是在對方身上，心裡應該會覺得好過一點的。

兒童時期養成的依戀型態是否會持續一輩子？答案是否定的。在成長過程中，我們會遇見更多對自己意義非凡的人，不論是迴避型還是矛盾型依戀，都有可能轉變為安全感型依戀。

安全感型依戀的戀人或伴侶對另一半而言，是最容易產生影響力的人。安全感型依戀的人比較熱衷於探索世界，處理任何問題都會全力以赴、展現毅力；遇到挫折會樂於向他人求助，是感到灰心時會向他人尋求精神慰藉的類型。

這些人能夠在「自律」和「依戀」間保持恰當的平衡，視情況和原因調整處理方式，且善於運用人際關係。

二〇二〇年播映的《青春紀錄》中，主角謝海俊（朴寶劍 飾）和安定河（朴素丹 飾）在劇中精湛的演繹了安全感型依戀的男女相遇、相戀的過程。在最辛苦時向戀人尋求精神支持，而對方也毫不吝嗇的給予。

「老爺爺總是對孩子們說，雨停之前不要到外面去。可是，從一開始我們就在雨裡了。變成大人之後就算是雨天還是必須出門啊。不過，只要是和你在一起，就算淋雨也很開心。」

不論多辛苦，只要和你在一起，我就覺得幸福！沉重的現實生活中，你的愛是我唯一的慰藉，主角回憶著和戀人在雨中跳舞的情景，並傳給對方的這段訊息十分令人動容。

在周遭經常能見到試著適應、體驗並感受新型態的人際關係，努力轉變為安全感型依戀的人。

在討論戀人是何種依戀型之前，不妨先來了解自己的依戀問題吧！假使你是安全感型依戀的人，就能成為牽引戀人安全感型依戀傾向的強大力量，能夠鞏固你和戀人之間的愛情。

比「加油」更好的安慰

　　戀人近來處於艱難的時刻，很少和你聯絡，你也因為幫不上忙而深感無能為力。雖然很想每天跟對方多說幾次：「加油！」但這樣好像反而讓對方更有壓力了……

　　對方在工作和人際關係上不怎麼順遂，還得知父親被診斷出椎間盤突出的消息。兩個月內接二連三發生的這些事使他深受煎熬，每天顯得精疲力盡。

　　你相信他很快就能回到以前那個愛開玩笑的他，但還是希望這場考驗能夠早日結束。你多麼希望事後能夠聽他說，因為你的陪伴，讓他在這些日子裡覺得有依靠、心存感激。

　　我們常在生活中不經意地犯下的失誤，就是對心情沮喪的人說：「加油！」

　　雖然能理解這是希望正面情緒能鼓舞朋友，但這樣的說詞，實際上無法為對方帶來任何力量。

　　「你看起來好累，黑眼圈都要垂到膝蓋了」這樣的話語也安慰不了人。套句時下年輕人的說法，這更像是「真相暴力」，像是再次被踩到自己的痛處，所以聽起來格外刺耳。倒不如說：

「你的氣色還不算太糟啊，再撐一下，情況應該會好轉啦。」這種話還比較中聽，也能發揮到安慰的作用。

安慰的話語沒能切實地傳達到對方心裡並不是你的錯，而是當一個人正好處於挫折和不安的狀態下，任何人都會陷入過度的「自我關注」（self-absorption），不停反覆思索過去，試圖為眼前的狀況找到合理的解釋。但在這過程中，不僅會放大自身微不足道的小失誤，甚至於陷入貶低自己的負面情緒。

一面擔心眼前的問題，一面絞盡腦汁的設想 A 計畫、B 計畫、C 計畫等各種方案，平時很自然會去關注周遭環境或人群的正常能量會被吞噬，才會像失魂了似的，聽不進任何安慰話語。

這種過度的自我關注像是躲進自己的殼裡，甚至會突然開啟自我防禦的機制。其實這是因為麻煩事占據了所有心思和情緒，已經沒有多餘的能量可以放在他人身上，所以取消了約會，卻連向戀人說明原因的力氣都沒有。

那麼我們能為戀人做什麼呢？不要急著安慰，而是讓對方知道你感同身受。先傾聽對方的心聲聽上去好像很容易，其實一點也不簡單。

人多少都會有自我關注的傾向，對於擅自取消約會並疏遠的戀人容易心生怨懟，忿忿不平地等對方解釋，但這樣的心態卻讓人很難放開心，用靈魂真正去傾聽。

我們會習慣將對方的話語轉變成自己的思考方式來解讀，所

以自我關注不只是在情侶關係中，也可能會在和其他人的對話中造成阻礙。

在談話時不自覺地啟動自己的想法，很多時候這個想法主要是評價某一件事，但評價卻多半是負面評價，所以會引發負面情緒。

從進化論的角度來看是理所當然的。像是嗅到某種焦味時會認定是發生了大火，並做出應該要逃跑的判斷和行為一樣。

我們在面對戀人時也是如此，長久以來，大腦裡像矩陣一樣堆疊的知識和經驗會自動評價戀人說的話，也就是我們常說的價值判斷。這個判斷並不是絕對的，而是以自認為重要的價值為基準，優先做出的判斷。

聽到戀人抱怨「上班好累」時卻回答「最近工作難找，再忍一忍吧」，這是將他人不符合自身價值觀的想法和行為賦予「不對」的「道德主義的判斷」。

此時對方可能會防禦性的完全不予回應，或堅持自己的立場開始抵抗，結果這樣的「道德主義判斷」傷害了對方的自尊心。

我們都需要好好練習在對待某人時，先想想這個人的一生中最重視的是什麼。

用心傾聽完，接著是以自己的說法傳達理解的誠意，並由對方確認下一個步驟。到這一步，才是確實的做到了認同。

例如對一個說「最近我覺得心好累」的人說：「哦，是嗎？」並不是認同，應該要誠懇的說：「這樣啊，那你這陣子還好嗎？看你臉色不大好，原來如此啊。」

多試著理解對方的想法和感受並表達你的認同，最好還能顧及到對方在事後的感受。不只是對方說話的內容，更要觀察臉上的表情和肢體語言的含意。

經過這個階段後，最極致的認同表現，是能夠體察對方的隱藏情緒和需求。

「其實你知道該怎麼決定，但是媽媽卻那樣說讓你很不好受吧？我知道你覺得媽媽好像不信任你，讓你很傷心。」

「你希望得到部長的肯定，但是他沒有，所以你很不開心。」

這種高水準的認同表現能使對方放下自我關注的態度，開始期待和你一同面對艱辛，並勇於坦然展現自己，向你尋求精神支持。

就像美國知名心理學家卡爾‧羅傑斯（Carl Rogers）說的：「認同是當一個人處於困境時，另一個人給予的最好的禮物」。

我看起來若無其事，
其實我多麼希望你能看見真正的我。

·

I want to show you who I am.

良性爭吵後的和解對話術

　　成長的環境、個性、立場都不一樣，所以很容易和對方發生爭執，但我們卻是彼此關係最親密的戀人。

　　戀愛初期，彼此會小心翼翼，為了配合對方會多少隱藏自己的需求，但是隨著時間久了，難免露出本性，自此便開始各持己見，爭吵也由此而生，這是人之常情。

　　越來越親密的關係使彼此流露本性，不再有任何一方單方面犧牲自己的需求。經歷種種過程，更加了解彼此，透過協調體會成熟，這樣的過程能使一段關係更加緊密。所以只要不是太過火，戀人之間偶有爭吵，其實不是壞事。

　　另外，我要恭喜你／妳身邊有個可以盡情任性的人。通常我們對自己的媽媽才會有任性的行為，因為你知道媽媽是無條件站在你這一邊，不論你說了什麼都會守候在身邊，並給予不變的愛。

　　遇到公司主管無理對待時，你只能忍氣吞聲，最多是向好朋友發發牢騷，但是不會把委屈的心情完全表現出來。因此身邊有一個任由你鬧脾氣的戀人，是一件很幸運的事。

　　當然，不是所有的爭吵都值得鼓勵，比如把自己不舒服的情

緒「投射」（projection）在對方身上。

　　另一半因為公司有緊急狀況，為了準備會議用的企畫案加班，沒有心思打電話關心，但你卻怒斥：「你是不是不愛我了？」這是把自己不安的情緒遷怒到無辜的對方身上。

　　另一個類似的情況，是另一半由於太累、來不及給你睡前電話就睡著。隔天醒來看到二十幾通未接來電，你卻為了沒有打電話覺得自己不被重視、想要吵架。

　　或另一半稱讚朋友的對象：「外表出眾，又是在知名企業工作，想必你的工作能力一定很強，我看朋友前輩子大概是拯救了一個國家才能認識你吧！」

　　此時你心想，「我沒有那個人漂亮，工作的地方也只是個名不見經傳的小公司，另一半是不是開始在嫌棄我了？」於是怒氣衝天的打電話理論，不明就理地對他說：「既然不滿意，為什麼還要和我交往！」

　　這是無法客觀的看待事物，並將自己以扭曲的「濾鏡」自我解讀的結果。這針對對方不經意的行為要求對方解釋的無理態度，其實只是你一個人編的小說情節。

　　我們都該客觀思考自己是不是也有這種傾向？有沒有常常為難另一半？

為那些和另一半良性爭吵、和解，並希望兩人關係因而更加緊密和睦的人，我要向大家推薦馬歇爾・盧森堡（Marshall B. Rosenberg）的著作《非暴力溝通》（*Nonviolent Communication*）。

　　書裡的溝通方式不只是針對情侶，對一般人也都十分有效。特別是書中提到，當我們聽到對自己批判性的言語時，不要以習慣性的本能去反應，而是先明確認知自己內心深處的情緒，並坦率表達的溝通方法。這是能使對方學會認同多於抵抗，十分了不起的溝通技巧。

---

1. 觀察・事實
   不加入自己的判斷，描述情況或事實本身。
   「聽到你說最近的你很累，」
2. 感受・情緒
   說出自己的感想。
   「我很擔心你，」
3. 需求・欲望
   說出自己的欲望或需求。
   「我希望能為你做點什麼，」
4. 要求・請託
   具體要求自己能幫忙的事。
   「告訴我該怎麼做能讓你不再這麼辛苦嗎？」

看似容易，實際做起來卻並不簡單。

我們很多時候都不是經過觀察或根據事實去判斷或解讀，也從不練習確實表達自身的感受、情感的變化及傾向。

再則，情侶間一些欲望有時難以啟齒，或可能這個欲望本身是「希望我們的愛情可以天長地久」等不夠具體的形象，有時候，其實你連自己都不清楚究竟要什麼。

即便對方每天打五通以上的電話噓寒問暖，但你還是不清楚這樣是不是就能不再感到孤單。

非暴力溝通能讓人看見自己的內心，並了解自己要的是什麼，而且這種溝通方式在熟識的人之間，是更有效率的。大部分的人都希望戀人能事先體察自己的不開心，並用適當的方式化解不愉快，這一切全是基於對對方的期待。

如果不說、不表達出來，戀人就無法了解你的情感和要求。請試著明確的表達自己的想法，唯有坦率才是透過良性爭吵使關係更美好的途徑。

讓生活更和諧的魔法話語

　　一定有某一句話就像魔法般，能把心愛的人變成你的同伴，能讓你和他的愛情和睦美好。

　　「我愛你」「謝謝你」「對不起」哪一句比較好呢？這些話都太普通，有沒有什麼能帶來強烈衝擊性的說法。從 YouTube 看到＜讓愛情加溫的秘訣＞，心想哪天自己可能也用得到，便看了一遍，只是實際運用在戀人身上時，才發現並不那麼實用。

　　其中的原因，在於關係的狀態和相處比情話本身更為重要且無法預測。例如對著因為你做錯某件事而被惹惱的戀人說：「謝謝你總是陪在我身邊。」就像是找錯了門牌號碼。

　　儘管如此，愛情裡的我們請記住兩件事：「積極」和「肯定」。

　　比如聽到戀人提及最近被調到別的部門時，不妨說：「很好啊，這是你拓展經驗的好機會啊。」

　　你也可能會做出「積極但負面」的反應，像是「那你以後要更忙了，你們公司也太會使喚員工了」；或是「消極但肯定」的反應，比如「恭喜你啊」；也有可能是「消極又負面」的「今天已經下了一整天的雪了」這種聽起來完全沒把對方說的話聽進去的回應。

這些反應裡，最糟糕的當然是消極又負面的反應，這樣的戀人只會讓人什麼都不想說；最好的當然是給予積極又肯定反應的戀人。雖然現實中不可能所有反應都是積極的、肯定的，但請盡可能在回應戀人時努力一下。

　　當我們試著這麼做，能讓彼此產生更多情感認同，並感受「幸福」的正面情感。日後，這樣的情感會變成「想和身邊這個人共度餘生」的未來期許。

　　不需要特別費心去想該對心愛的人說什麼，只要默默的傳達你對他的關心就好。這對相愛的兩人能有多難？實際上是真有難度的，尤其是情侶之間的爭吵。

　　爭吵時都是急著堅持各自的立場。即便和好了，過段時間還是會再看到又開始醞釀爭吵的自己。

　　即便是很普通的閒聊，越常表現積極、肯定的情侶，就越能夠避免一再吵架的循環。這代表著你們平時就習慣傾聽對方說話，也熟練於專注在對方言談內容。和戀人在一起時，你們會把自己的關心和注意力全數灌注在對方身上。

　　當另一半為逝去的愛犬傷心難過時，「牠在天上，會希望看到你好好的活著，然後到天國和牠重逢。」想像一下有個像這樣的戀人，告訴你愛犬知道你這麼愛牠，牠會安心瞑目。

　　會用積極又肯定的話語來安慰你的戀人，即便他做錯了事，

你也只會原諒他，甚至為他著想地認為這麼做一定有什麼苦衷，並讓他知道你對他深切的理解與認同。

　　一再爭吵的情侶，絕對是很少給予彼此積極、肯定的回應，以至於有一方心裡不舒服時，就死抓著對方的把柄，引起消磨感情的爭吵。

　　好了，就從現在開始練習關注自己的戀人。跟隨他／她的話語和心靈，讓他／她知道有你在凝望著他／她。

　　這種積極、肯定的回應是能透過有意識的練習和努力來獲取的。深愛戀人的那份心意，一定能成為大家強而有力的動力。

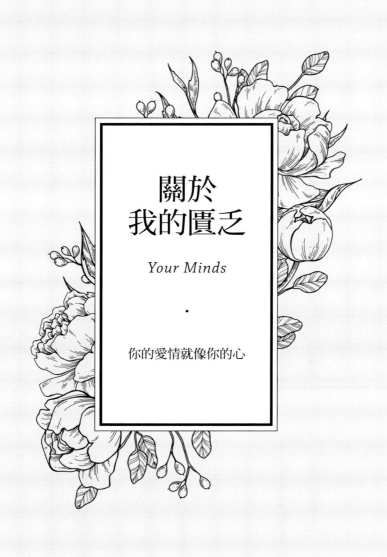

關於
我的匱乏

Your Minds

.

你的愛情就像你的心

我對自己的魅力沒有自信

「在你面前，我是這麼渺小。」就像歌詞裡所寫的，愛情讓我們變得渺小，即愛情會讓人過度貶低自己，卻誇大了對方。

戀愛初期，在朋友間的聚會上宣布自己戀愛了，朋友問：「你喜歡那個人什麼呢？」這時你像是終於等到機會般，興高采烈的說了一長串，被問到：「那他又喜歡你什麼呢？」卻不知該怎麼回答。

「我的外表沒有特別出眾，個性一般，職業也很普通……」想到這裡你開始有些膽怯，因為你不知道他為什麼喜歡你。

當我們感受到對方的魅力時，就是關係發展的開始。仔細看「魅力」二字中的「魅」，是「魅惑」的魅，同時也是「鬼魅」的魅、「魑魅」的魅，魅力是像鬼魅或魑魅般迷惑人的力量。

從客觀的角度來說，具備優秀條件的人你也不見得一定會有好感，但條件差、所有人都阻止的人你也可能會對他一見鍾情。

熱戀使我們失去客觀性，更多時候是被理性無法作用的一股力量所吸引，也就是被愛情蒙蔽雙眼，眼裡只有對方。

對熱戀的情侶而言，這種「積極幻想」（positive romantic illusion）是必要的。

「積極幻想」除了誇大對方為非常優秀的人這種想法外，還包括了自認為戀人很愛我、我和他之間是能夠彼此影響的深厚的關係等。

事實上，對對方抱持積極幻想的人多半有著強烈的自尊心及積極的心態。他們信賴對方，同時也深信對方跟自己一樣有著積極的心態。有趣的是，實際上互為這種關係的情侶，他們的積極幻想往往都能得到美好的結果，原因在於所謂「自我應驗預言」（self-fulfilling prophecy）。

人類會為了能夠實現自身期待、相信的事物而努力，很多時候努力也確實有了結果。自尊心強的人多半會選擇同樣和自己一樣有強烈自尊心的人相戀，彼此的關係也會因而產生協同效應。

相反的，生活周遭自尊心薄弱的人，他們不管是對戀人、朋友還是家人，在所有的人際關係上多半心存質疑。自我否定的觀念從他們本身投射到對外建立的人際關係上，表現出對他人的低信賴度以及對未來的負面態度。

需要注意的是，自我否定的觀念可能遇上他人的積極觀念。自尊心薄弱的人中，有人會導致自己和對方都消沉；反之，也有人是將對方視為高高在上的存在，覺得自己是如此卑微，這時無可避免地，就要面對對方過分強勢的行徑。

「談戀愛本來就辛苦還要克服很多困難」「只有我能忍受他

的脾氣」「總有一天我們的愛情會有幸福的結局」等，像這樣認命地將一切自我合理化。

　　平凡的戀愛中，當我們是以平等的關係相遇，對愛情的積極幻想就能發揮加分作用。相信自己和戀人將大顯身手，為守護這份愛一起努力。你對他、他對你的這份雙向幻想，將使關係越來越和睦。

　　你身上散發著別人感受不到的魅力——就像你被愛情蒙蔽了雙眼，對方也以被愛情蒙蔽的目光凝視著你。

　　如果兩人的關係不再是甲方和乙方而是平等，如果你喜歡他、他也喜歡你這種關係的方向是雙向的，那就請你相信自己的魅力吧。

　　在戀人眼中，你絕對是魅力十足，且值得被愛的存在。

一個會深情凝視某人的人，
一定也是一個能充分愛自己的人。

．

If you can love someone, you can love yourself.

毫不保留的愛

麥莉是二十多歲的女性患者。

她從地方大學畢業，進入一家中小企業任職，男友是名門大學的醫學生，兩人在首爾郊區一間租屋處同居。

男方還是學生，所以房租和生活費都是麥莉負擔，連對方的零用錢都是由她支付。男方靠家教賺的那一點錢，都花在和朋友去喝酒、上網咖和打撞球等娛樂上了。

兩個相愛的人之間，由現階段有能力的一方負責經濟支出，這樣的情形倒也不難理解。但某天來到診間的麥莉在脫下鴨舌帽的剎那，額頭上一個紅腫的瘀青瞬間映入眼裡。

我追問她事情的原委，問她是不是第一次被打，她說他動手打她將近有一年了。

我問麥莉對方是為什麼要打她？對方表面上是不滿麥莉沒有把家整理乾淨，但實際上，這是他發洩考試壓力的習慣。

朋友們從很久以前就勸她分手，她自己也知道這不是一段正常的關係，但她還是離不開他。雖然經常被打，但是每當男友對她溫柔時，那是令人無法抗拒的甜蜜誘惑。

以這個案例來說，這不是戀人之間對等的人際關係，而是甲方和乙方，不，是早就變成甲方和丙方的關係了（甲方即在關係中更占優勢的一方，乙方是付出得更多的一方。）。

麥莉因為自己只有地方大學的文憑，加上只是一家中小企業的會計，對自己的地位感到自卑。而男友將來是要當醫師的人，所以給予高度評價。

這樣的男性不只是對於麥莉，對其他平凡的女性來說，都是極具魅力的外在條件。但當彼此的關係走到如此糟糕的局面，大部分的人最後都還是會選擇決裂。

麥莉之所以無法這麼做，其實另有隱情。從小她的父母就對她很冷漠，從不關心她的感受。基於這樣的影響，麥莉在朋友關係上總是極盡所能的過度殷勤，急於收買他們的心。

「如果不這麼做，朋友和戀人都會拋棄我」
「我必須這麼做才有存在的價值」

這些想法深根植在她的觀念裡。再加上品行有問題的醫科生男友，她的戀愛也只能走向最糟糕的方向。

男友非常擅長剝削別人的感情。但如果自始自終都是這樣惡劣的態度，那麥莉應該也就能輕易地切斷這段關係，但冷不防丟給她的胡蘿蔔實在是太香甜了。

麥莉在洗碗時，男友會從身後抱住她，謝謝她煮的美味晚餐並輕輕親吻她的臉頰。

雖然對我而言，要我把洗碗手套脫下來，並對我說：「我來洗就好」的男人才有吸引力，但是對二十多歲、不小心做錯事就會遭受父母親冷言的麥莉來說，男友那小小充滿情意的舉動是多麼的溫暖。

沒有任何人打電話來問候的生日，男友準備了她星座的鑰匙圈當生日禮物；帶她去吃她最愛的蛤蜊義大利麵，並對她說將來當上醫師後，要帶她去吃更高級的料理……比起昂貴的卡地亞手鍊，男友準備的、不起眼的鑰匙圈更加令她感動。

渣男通常都很懂得攻略別人的弱點並投其所好，他們非常了解自己丟出去的胡蘿蔔的藥性。

這裡說的「胡蘿蔔」在心理學上有個專有名詞，稱為「間歇性強化」（intermittent reinforcement）。

若每次行為都給予獎賞，我們稱之為連續強化（continuous reinforcement），只要停止獎賞，原本會出現的行為就會立即中斷或削弱（extinction）；但是就「間歇性強化」來說，以賭博為例，因為不確定什麼時候會中頭獎，所以必須要不斷的投注賭金。

「間歇性強化」是即使沒有每次給予獎賞，還能維持某種行為不至消弱而施以強力的布置，這就是即使知道彼此存在暴力

的關係，被施暴的一方卻離不開的原因。

　　如果你也是處於這種戀愛模式，有必要審視一下，自己是否習慣了像賭博手段那樣間歇性強化的對待方式？哪個部分的匱乏是你渴望的胡蘿蔔？有沒有可能是自卑情結的投射，把普通的胡蘿蔔當成是金蘿蔔或鑽石蘿蔔？

　　像個作夢都想要中頭獎的人一樣，著迷於偶爾得到的胡蘿蔔，麻木忍受著對方無禮。雖然戀愛是兩個人的事，但是我也一再提到，也許戀愛也是你和你自己的事。

　　麥莉後來怎麼樣了呢？不管是過去與父母親的關係帶給她的缺憾，還是男友把他的自卑感投射在麥莉身上，這些問題都是其次。

　　暴力是對麥莉身體界限的侵犯，而語言暴力是對麥莉精神界限的侵犯，進而導致她自我毀損的情況。

　　問題在於麥莉習慣了這樣的暴力，處於根本無法認知問題的「互累症」（co-dependence）狀態。

　　「互累症」一詞源於藥物中毒的患者家屬身上，是常見的一種病態。比如替宿醉、無法上班的丈夫向公司撒謊，說是得了腸胃炎不便上班；明知丈夫只要一有錢就跑去喝酒，卻還是把錢掏給他等長期習慣的生活方式。

　　麥莉的男友長期且反覆對她做出暴力和剝削的行徑，但麥莉

卻沉迷於這樣的行為。

「他能依靠的人就只有我而已」
「他偶爾也會疼我啊」
「只要我緊緊抱著他，他會為我而改變的」
「只有他願意愛這麼沒用的我」

　　麥莉將一切的問題自我合理化，但結果這對情侶在男友開始擔任實習醫師後，關係開始出現裂痕。

　　麥莉仍然持續著為男友犧牲奉獻的日子，但是他卻以必須在醫院值班為由開始不回家。最後，他更以離上班的大學醫院太遠為由，在醫院附近另外租了一間套房。

　　有一次，麥莉帶了一些小菜想拿給男友，結果在他的家裡發現了陌生女人的痕跡，最後就這樣，以三流電視劇般的情節結束了她的愛情。

　　麥莉有很長一段時間走不出情傷，現在好不容易過上正常的生活了。但這場殘酷的經驗留給麥莉的不只是對於男人，更是對人性的不信任。

　　原本個性明朗的麥莉，如今卻成了一個憤世嫉俗的人。巨大的傷口有時就是會像這樣搗毀整個人生，令人十分惋惜。

我們不應該過度的犧牲奉獻，而是要全力以赴。奉獻和全力以赴的差別就在一線之隔，前者是犧牲自己來成全別人，後者則是為自己和對方而努力。

許多 YouTuber 戀愛專家教人戀愛時要多愛自己，但這讓人很是困惑。談戀愛一定要斤斤計較嗎？我認為談戀愛是要全力以赴的。即使愛到最後以分手收場，我愛過，也曾經幸福過，一定要能理直氣壯的這樣告訴自己。

或許有人看到這一段有所不解，所以我再具體的說明一下。談戀愛前，如果在職場、朋友和家人之間我是過著 80 ～ 90 分的生活，那麼戀人進入我的生活後，也許可以再提升 20 ～ 30 分，試著發揮 100 ～ 110 分的能量。

有了戀人而來的能量滿載和充實感，即便超用 10 分左右，生活也不至於太疲乏。然後，請將用於自己身上的能量和用於戀人身上能量分成 50 比 50 的比例。

不是要你在平日加班到深夜回家，還為了後天的光棍節幫男友連同他公司的主管準備餅乾到凌晨兩點才去睡。

這麼做，就不只消耗 80 ～ 90 分，而是消耗了 160 ～ 170 分，幾乎是一人飾二角的在消耗能量，會讓一個人消耗殆盡。

當戀愛走到盡頭，**過度奉獻會消滅完整的自己；而全力以赴，才能保全完整的自己。**

即便開始新的戀情，奉獻是自己單方面的犧牲，而全力以赴才是不放棄幸福的人生，也是對自己盡力、也對與戀人的關係盡全力的人生。唯有如此，即使戀愛告終也能毫不留戀的讓一切成為過去，繼續往前邁向另一個開始。

你是不安全感型依戀人格？

每個人都有想要依靠別人、想被保護的，所謂的「依賴」（dependence）動機。

從誕生的那一刻，開始無法獨自生存，必須仰賴父母親的照顧，這是史前時代就存在於 DNA 本身程序化的動機。

人類是所有動物中，以最無力的狀態誕生，自行獨立前仰賴期最長的動物。因此直到能夠自行站立前，都必須受到他人的照顧。

此一習性在成年後，會轉變為向重要的人渴求愛情與保護的「親和」（affiliation）動機，因此我們會交朋友、尋覓戀人並主動參與各種社交聚會。

在此過程中，對某些人而言，重要的是邁向獨立的自律性的價值，某些人則是重視過度依賴他人的依存性價值，也有人是一手自律性一手依存性，並視情況拿捏分寸。

人之所以有如此不同的面向，部分來自與生俱來的天性，其他則是養育過程中，父母表現出來的關愛而有所不同。也就是說，主要是個人的經歷與他人的經驗值有所不同的緣故。

像夏天小姐就完全無法忍受聯絡不到男友。只要聯絡不到人，她就會陷入無止盡的自我分裂。

對夏天這樣依存動機過於強烈的人來說，即便對方給予再多的關心和愛情，她還是會覺得不夠。

她無法獨處、想要隨時和對方膩在一起，無時無刻都想要確認對方的關心和愛。

以這樣的狀況而言，可以看做是過去，她對父母親的依賴充滿了挫折的經驗。如同前面提到的依戀類型，夏天小姐就屬於「焦慮矛盾型依戀」。

受童年的影響，養成了缺乏安全感的依賴性直到成年，缺少了相信自己能獨立自主的自信，以及相信他人會友善對待自己的信賴。

支配她的主要情緒是「不安」。至於為什麼會如此，大部分的情況下是因為成長的過程中，不曾遇過成熟溫柔、並持續給予安定關係的養育者。

相反的，即便是在經濟上或精神上貧乏的家庭環境下，即便只有一個願意給予溫柔支持的大人，這樣的人在成年後，也多半都能養成安全感型依戀傾向。

　

人在童年時期所經驗的世界，將形成塑造本質的框架，進而決定這個人看待世界的方式、自身未來的方向，以及想與人建

立的關係。

人在出生時，是對其一生具有重要影響的「關鍵時期」（critical period）。當孩子還小時，如果父母不曾分享心事、不曾陪孩子聊各種話題，那在孩子長大成人後，也會不善於和父母親談話與溝通。

在我的診間，反而可以見到不少這樣抱怨自己父母親的二十～三十多歲個案。

「小時候從來不關心我的父親，因為在退休後變得很閒，現在是從我回家的時間到零用錢都要管。」

「小時候從來不會陪我聊天，現在是每天都抓著剛從公司下班的我說些有的沒的，讓人很不耐煩。」

在需要依賴的關鍵時期，原本只要一點關愛就能解決的小問題，等到孩子都已經大了，就沒有人知道需要多少關愛才能解決了。

唯一可以確定的是，一點小關愛已經於事無補。這是需要把自己從過去以來認知的世界和對他人的視角全部打掉重練的工程，想來勢必需要非常多愛才行吧？

如果我是這種依賴動機強烈的人，成年後，我就必須藉由生活中與他人的關係，把心裡的洞補滿。

此時，如果身邊有個成熟且穩定的戀人，我就能擺脫過度且不當的依附動機。

　　當然，這並不容易，因為某種匱乏會從心底不斷的湧出，讓我對他人需索過多。

　　而要幫你填滿這些空缺的戀人到底在前世犯了什麼錯，需要不斷地你填補小時候欠缺安全感的依附心態？還要承擔無法估計「究竟需要多少才夠」的不確定性。

　　戀人不同於職場同事、學校同學、社團同好這些關係。基於我的第二父母或自我擴張這些親密關係的心理模型下，往往會忽略了對他人該有的基本禮貌。

　　當要好的朋友犯了嚴重的錯誤時，你會爽快的原諒，而戀人只是一時忘了聯絡，或有重要的事而沒能遵守約定時間，你卻會為了這些微不足道的小失誤，就把他扣上「不夠愛我」的帽子，讓他成了大逆不道的罪人。

　　當然，心胸寬大的戀人此時會試著安撫你的不悅和傷心，並向你保證以後不會再犯。

　　這樣的情況在戀愛初期，對方會覺得你只是在撒嬌；但總有一天戀人不會再寬宏大量。

　　當你表現出不安的依戀行為時，不再視為撒嬌，而是「又開始了」「真是煩死人了」，這是因為你的抱怨程度已經超過戀

人之間的撒嬌或鬧彆扭，變成了投射不安全感型依戀的執著或苛責。

已經養成不安全感型依戀慣性的人，是以「不信任」的基本框架看待世界，而這個框架裡也包括戀人，所以時刻以「你真的愛這樣的我嗎？」的質疑心態測試對方。

如此過度的表露「不安」「不信任」的框架時，可能也會造成戀人的心理負擔。

在這世上，總得有人幫忙補滿內心的空虛，但這不該是戀人一個人的責任。未來的日子裡，在與世界建立關係的過程中，從氣味相投的朋友、知音、在職場認識的良師益友的前輩身上，你都能得到一些彌補。

與各式各樣的人建立成熟的關係，不僅能安定不安的心，更能將不信任的框架慢慢地轉化。

但在這之前，你必須先認清「你就是這種依戀傾向的人」，然後在各式各樣的關係中，慢慢修正自己以往扭曲的視角和行為模式。應該沉著的填滿空洞的人不是別人，而是你自己。

因此，你必須睜大自我審察的雙眼、保持覺醒。不只是戀愛關係，在整個人生中，自我審察將使你成長，更是指引你走向幸福之路的第一步。

請好好檢視過去受挫的情感依戀造成的過度依戀動機，以及是否因為這樣的自己，而折磨了你的戀人。

過多的體諒是一種冷漠嗎？

　　有一次，秋天小姐和男友在電影院的電梯裡偶然遇見了前男友。那天看的是平日的早場電影，所以電梯裡只有他們三個人，兩人在尷尬的氣氛中隨口寒暄了兩句。

　　由於忙著打量男友的臉色，關於那天的電影演了什麼，秋天小姐一點印象也沒有。

　　現任男友完全不提那天的事，也沒有問她那個男人是誰，秋天對於男友這種凡事無所謂的態度感到有些不悅。

　　即使已經是情侶關係，他一直都把兩個人的界線分得很清楚。她的領域他是絕對不干涉，而他的領域也絕對不允許她靠進半步。男友有培訓班或聚會等常態性的週末活動，所以大家都在週末約會，兩人卻是每隔二～三週才見面一次。

　　「從你所愛的人身上，就能知道你是個什麼樣的人」是十九世紀法國詩人兼作家阿爾塞恩‧烏薩伊（Arsène Houssaye）的名言。

　　不只是談戀愛的情侶，還有從那些喜歡聚在一起的人們身上就能看出他們大概都是什麼樣的人。所謂物以類聚，思想相近的人容易結識並聚在一起。

　　嚴格來說，秋天和男友並不符合物以類聚的法則，尤其是關

於「個人領域」部分認知更是不同。

「個人領域」是一種你和我的領域儘管有所重疊，但是仍然明白其他部分有所不同的分辨能力。這種程度因人而異，如下圖所示。

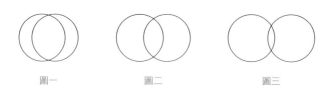

圖一　　　　　　圖二　　　　　　圖三

圖一為彼此有諸多重疊的領域，圖二、三則是重疊的領域越來越少。

每個人願意和他人分享的自我領域範圍不同，圖一不代表兩人的關係一定比較豐富，只能說明是物理、時間、精神領域上允許對方可以分享到什麼程度的個人差異。不論是情侶還是朋友，這個部分水準相近的人之間才會有長遠的關係。

與戀人相遇是一個人自我的擴張，意味著你和他人之間也有彼此契合的層面。戀愛初期都是沉浸在你和我契合，有如魔法般的華麗情感中，但是當時間久了，自然的，你又會回到自身領域的原始狀態。

以秋天來說，她的領域屬於圖一，因此對屬於圖三的男友過

於體諒的舉動有些埋怨；相反的，男友有著明確的領域界限，並認為對方也理當如此。如果秋天侵犯到他的領域，他會毫不猶豫畫分界線。

雖然剛開始不敢表現出來、只能悶在心底，但是「一週至少應該要見面一次」「情侶之間每天應該要打四、五通以上的電話」等，如果秋天以抱怨要求對方當好戀人的角色，恐怕兩人之間的距離只會越來越遠。

當然，也有情侶之間互相讓步、繼續牽手走下去的解決方案，但兩人都還是會有諸多埋怨。

隨著我們與人交往時間的累積，也要檢視一下對方的自我界限領域。如果你能接受，就繼續經營彼此關係；若反之，也不想一再承受反覆出現、無止盡的委屈，趁早結束關係才是明智的作法。

有人說想要改變對方而努力是因為愛，這全都不是真的。
愛是接納一切，愛是尊重對方原本的樣子。

——奧修（Osho Rajneesh），**印度哲學家**

奇蹟就是不完美的我與你相遇，

談一場完美的愛情。

·

A miracle happens when you and I love perfectly.

不斷換乘戀愛與相遇的心理

我發現身邊有些人在戀愛方面總是碰壁。剛和前任分手、應該是還在情傷期，卻跳過空窗期很快又和另一個人交往，然後新戀情又不順遂，就又換一個對象。

一個不停更換戀愛對象的人，第一，表示他／她是屬於無法獨立的類型，像個離不開父母親的孩子，當一號父母不適任，就再去鎖定下一任父母，對愛情欲求不滿的人往往如此。

在對愛情欲求不得的心態下，總是尋覓新對象，當然每一次的戀情都只能位居「乙方」。

這樣的人都忽略了應該先考慮對方是一個什麼樣的人、跟自己是否契合，也沒有考量到有哪些決定性的缺點，所以不適合成為你的對象。

認為只要能相互陪伴、度過孤單的人生就 OK 了。或許是因為如此，跳過情侶剛開始的先牽手、親吻等的階段，直接切入性關係的階段也相對的早了很多。

但一旦過了蜜月期，很快就會發現兩人之間的問題，然後開始認為彼此並不適合在一起。

第二，是即便有正在交往的對象，一旦被其他對象吸引，就

會「腳踏兩條船」的類型。

向正在交往的人編造曖昧不明的理由當作分手的藉口，像是個性不合、沒有感覺了之類的話，向對方和自己不斷搪塞各種名目，試圖消除換乘戀愛與嶄新的相遇帶來的罪惡感。

這通常容易發生在對現任不滿、卻沒有立即斷開關係，還繼續勉強下去的情侶身上。儘管現任不是理想型，但是即使分手了，也沒有保證能遇到更滿意的人，所以只能繼續交往。

當然，我想應該不是一開始就是這麼溫吞的關係。剛開始必定也是愛得火熱，深夜裡兩人都捨不得放下手機，熱情關切對方過得如何。

只是過了某個時間點，當一切變成了例行公事，出現了新的面孔，就有一方開始準備換乘戀愛。

像某個廣告所說，愛情是會變的，新的對象也有可能是你真正的緣分。但試著想想，兩人之間即便沒有婚姻制約，透過這種換乘戀愛而來的新戀情，其實是缺少了真正愛情基礎所需要的「信賴」。

對在一起很久的戀人搪塞了一堆不合情理的理由、只為分手的人，當他的熱情降溫後，可能也會用這樣的方式要求分手。

儘管現在是你的戀人，但如果有一天，他遇見了比你更有魅力的人，還是會以同樣的方式離開你。

「信賴」和「坦誠」不會隨著不同的對象而改變，而是如同個人的個性特質一樣的東西。

　　當換乘戀愛發生在自己身上，對身邊的戀人不再有心動的感覺，即便是愛情熄滅了、想要轉身尋覓新的戀情，對交往的戀人也最好還是「坦誠」以對。

　　在愛情的世界裡，或許人類就是尋覓幸福青鳥的蒂蒂爾跟米蒂爾，無視生活中近在身邊的青鳥，總想找到幻想中的青鳥。

　　人們並不明白對方不是撫慰孤單和空虛感的青鳥，有吸引力的新對象同樣也不一定是真正的青鳥。

分享羞恥的事，也是愛情的一部分

希臘神話裡，太陽神阿波羅與掌管田野的潘神決定以演奏一較高下。精靈們一致認定阿波羅神獲勝，而邁達斯國王卻認為潘神的演奏更好。

勃然大怒的阿波羅說邁達斯國王的耳朵是驢耳朵，並用力的拉扯他的耳朵，把國王的耳朵扯得像驢耳一樣長。

國王因此向來幫他修剪頭髮的理髮師說：「如果你膽敢多嘴，我饒不了你。」但秘密還是被傳開，國王也真的把理髮師處死了。

即使是神的面前無所畏懼的邁達斯國王，同樣也害怕自己不想讓別人知道的隱私被發現。

每個人都有一個「理想自我」（Ego ideal）的想望，這是對於自己能夠既聰明又有能力、擁有善良的心和賢明等的期待，而無法達成這些條件時，責備自己的心態便是羞恥心。

尤其是受到他人的指責或嘲弄和無禮對待時，羞恥心的驅使會令人感到痛苦。

羞恥心是人類的基本情感中最為痛苦的感受之一，往往會對

自尊心造成致命的傷害。當羞恥心浮現的瞬間，「我很愚蠢」「我像個笨蛋」「不可能有人會愛我」這種自我否定的想法會從內心深處浮現。

在最愛的戀人面前，只想呈現自己最好的一面。週末約會光是梳妝打扮，就要花上兩小時；即便生氣，也很努力忍住平常大發脾氣的作風，盡量溫和地表達自己的心情。

嗯，到這裡都沒什麼問題，都是一些容易做到的小事。但只有自己知道的、內心深處丟臉的事，卻很難對人提起。

比如失業的父親是終日酗酒的酒鬼，全靠母親當幫傭，撐起家中經濟；因為是家裡最大的孩子，所以薪水都要用來負擔家裡的開銷……這讓你覺得在戀人面前很卑微。

當我們感到羞恥時，會「不知道該怎麼辦」「想找個洞躲起來」，這都是為了在他人面前把不堪的自己隱藏起來。

壓抑不堪的感受，極力把自己隱藏起來，或刻意避開某些情況，對戀人也會一再地說謊。

比如被問到父親的職業時，給個模棱兩可的答案。像是某個主播覺得當工人的父親很丟臉，便她的父親從事建築業；當想結婚的戀人小心翼翼地問及存款時，告訴對方錢都是交給媽媽，自己並不清楚來迴避正面回答。

像這樣總是隱藏自己或迴避正面回答，和戀人之間也只會越來越難繼續走下去。對於連父母或兄弟姊妹都不知道的事瞭若

指掌的關係，就是情侶關係。

想要兩人之間關係更深入、更親密，與戀人之間的自我公開是必要的。父母最多也只知道我在公司表現得還可以，而戀人卻知道我每天在公司辛苦的做著不適合自己的工作。

羞恥心指的是以他人的視角看待自己時慌亂和侮辱的感受，這是把戀人當成別人時的感受。

不過，成為戀人即代表了另一個自我擴張。他和你共有的部分越多，他的優點和缺點也都將成為你的一部分。

對於戀人的缺點，我們一開始就做好了接納的心理準備。在別人看來重大的缺點，在被愛情蒙蔽的人的眼裡是看不見的。但既然如此，為什麼你不敢在戀人面前顯露自己的缺點呢？

一個因為你家境貧困、不喜歡你的外貌等原因而對你不滿意的戀人，並不適合當你的戀人。

但首先，你也要先接受自己的不完美，而且要以原來的自己面對戀人。

如果他是你的戀人，必定會欣然接受這樣的你。人類本來就是不分你我，都是不完美的存在，真正愛你的人會讓你知道，他不但願意接受你的缺點，也還包括不完美都願意包容；會疼惜你分擔家計的辛苦，並願意兩人一起分擔重擔；理解沒有積蓄不是因為拿去賭博或奢侈度日，而是另有苦衷。

當然，除了放心地鬆一口氣，不免也會可愛的嘮叨著以後薪水的一半一定要存下來，這也是因為對方已經把你放進他的世界裡。

　　因為，你的戀人，是缺點和優點全都有的、另一個擴張的我。

明明相愛，卻為何如此不安？

　　一旦愛了，我們會有想與對方合二為一的強烈欲望。彷彿找到了尋覓許久的另一半，讓找到愛情之前並不完整的自己脫胎換骨，終於完整的感覺。愛情就是像這樣，有一種難以解釋的神奇因素。

　　哲學家柏拉圖（Platon）在《會飲篇》中，對愛情有一段浪漫的神話介紹。人類原是男女一體的兩性人，一顆頭顱、兩張臉、一個身體但各有四肢，男女的器官也都合在一起。

　　他們聰明絕頂卻生性傲慢，敢於對抗天神們，為此，心懷不悅的天神們想要消滅他們。但是天神們又煩惱，這樣一來向他們進貢祭品和敬拜的人就會消失了，宙斯於是想到一個妙計，他提議讓他們繼續活著，但是要分成兩半。

　　果然，他們不再有強大的力量，對天神們也不再具有威脅。經由阿波羅的幫助，被切開的傷口得以癒合，以完好的男性和女性的狀態各自存活，但討人厭的宙斯又故意指引他們走往彼此的反方向，使他們永遠尋覓另一半。

　　柏拉圖認為人類就是要像這樣，必須找到另一半並結合在一起，才能成為完整的存在，並把我們終其一生追求的愛情理由

歸究於富有神話色彩，神秘且未知的領域。

不過，說來奇怪，如願找到愛情後，為什麼感受不到一體感和歸屬感？當然，我們都曾經有過歸屬感，像是約會時兩人對望，從他寂靜的眼中看見自己時；冷冷的天氣裡，他輕輕的把你的手放進他的大衣口袋，然後緊緊握住時。

可是沒有他在身邊，或有時和他在一起時，你感受到他似乎並不是全心全意的凝視著、擁抱著你，甚至於沒有讓你走進他的世界時，不安便會悄悄的湧上心頭。

原本你是一個享受獨處的人，但愛情來臨時，你卻嘗到未曾有過的孤獨滋味。當他不在身邊，你會覺得自己是一個不足、不夠完整的人。

擁有越多，我們就越害怕失去。有過愛情的美好，於是因為害怕失去而警戒的豎起觸角。看著對方不耐煩的眼神，小心翼翼看他的臉色，不知是因為義大利麵來得太慢，他在對餐廳不滿，還是對自己有什麼不滿。

對方表達愛意時，你就像快要飛上天感到幸福；對方和你保持距離時，你又像跌入谷底被絕望包圍，深怕有人突然搶走你的愛，便張著一雙眼睛緊盯著對他屢獻殷勤的人，平時滿不在乎的自己不知去了哪裡。

一旦陷入愛情，我們都逃不過「遺失另一半」的詛咒。所幸，

這是公平的。不管是富二代、號令世界的英雄豪傑、絕世的俊男美女，沒有任何人可以例外。

　　在愛情面前，我們只不過是一群膽小鬼，而這種不安感，要到通過愛情加深的階段、來到最後的完成階段才會消失——也就是你和他終成歸屬，走向結婚的那個階段。

　　當你毫不避諱的展現優缺點，把他的長處和短處全都看清後，仍然願意彼此包容，並從心底發誓，要一起走向遙遠未來的那個時間點。

　　不愛就沒有不安。這是被某個人丟棄或放棄，經歷過損失之後才會產生的感受。

　　了解什麼是珍貴和幸福，害怕一旦關係破裂，就再也無法回歸到過去的不安，**可即便有這樣的不安，卻仍然選擇愛情，是因為彼此認定自己屬於對方的這份感情，是任何東西都換不來的珍貴情感。**

　　關於這樣的情感，有人覺得像是飛上天似的飄飄然；有人感受到溫暖，覺得不可能會遇到更好的人；有人覺得很安心，好像找到了世界上唯一和他同一陣線的人；有人認為他和我原本是一體，只因為天神的作弄，才會變成彼此不同的兩個人；有人從而被激發出藝術的靈感；有人覺得對方就像溫柔的母親或可靠的父親；有人覺得像伯牙絕絃那樣，認為對方是自己真正

的知音。

　　愛情的力量是如此偉大，因為如此，我們欣喜地接受愛情，並為了守護愛情的圓滿而努力。

　　當然，也並不是所有愛情最終都能圓滿，也許有可能藏在心底的不安變成事實，而與戀人就此劃下句點。

　　但我們在相愛的過程中，會感受到和對方是一體的，世界也會因而從「我」擴張為「我和你」，這本身就是一種令人敬佩的經驗，所以人們情願選擇當一個愛情的膽小鬼。

　　有時是情緣就這麼斷了，有時是單方面被推開，有時是覺得這個人似乎不是自己的真命天子／天女而主動離開。

　　當能夠無懼於這樣的傷痛，鼓起勇氣讓某個人加入時，你就不再是膽小鬼，而是和另一半一起成為理直氣壯的存在。

不安和寂寞，發狂般的情感。
即便如此還是決定愛了，
認定了對方是自己的歸屬，
這是沒有任何東西可以交換的珍貴情感。

.

Despite our anxiety, loneliness,
and crazy feelings,
The reason we choose love is because of the feeling of belonging.

只要有人說喜歡，就會陷入愛情的我

　　容易陷入愛情的人們，簡稱「容陷愛」，這類人多半極度渴望彌補內心深處的「缺憾」。只要能填補內心深處的某個缺憾，就會顧不得對方是否表裡如一而愛上對方。

　　對自己的外表感到自卑，覺得自己的工作能力一般、心胸狹窄、不是含著金湯匙出生的缺憾越深，就越容易擴展「容陷愛」的範疇。

　　比方說，因為長相出眾而愛上了 A，因為是眾人公認的鐵飯碗公務員而愛上了 B，因為富有男子氣概而愛上了 C，因為有能力住高級公寓而愛上了 D。

　　「容陷愛」是無法忍受孤單，情感匱乏的類型。他們乍看之下似乎不介意對方的外在條件，而且看起來有一種涉世未深的單純，但事實上，他們的心理與孩子一舉一動都需要媽媽在身邊的情況類似。

　　一個六歲的孩子睡醒後的第一件事，就是尋找媽媽的身影。自己一個人專心在玩黏土，媽媽去打掃陽台，但一旦發現媽媽不在自己的視線內，便開始邊喊著「媽媽你在哪裡？」邊四處尋找，時時刻刻都要確認媽媽在自己的範圍內，才會安心的繼

續玩耍。

「容陷愛」也是如此，因為他們是自我無法獨立的「內在小孩」，所以需要「心理上的媽媽」。

各位想必也見過，有人透過介紹、才見一次面，就對人窮追不捨的經驗。

遇到這種認識不久就說是一見鍾情；不管你會不會覺得太快，逕自像個跟蹤狂似的緊追不放；或你都還沒有心理準備，就得寸進尺、想要發生親密行為的人，請你多注意。

在不夠清楚了解對方前就陷入熱戀，這並不是在和對方談戀愛，而是在和自己設定的「對方一定是這樣的人」的自我幻想在熱戀。

有很多「容陷愛」是在對匱乏的欲望和對對方的幻想重疊下，才走上「容陷愛」這條路。他們善於陷入熱戀，上一場戀愛結束後，轉身就又馬上去找新的對象。

這是「內在小孩」在不停尋找媽媽。媽媽不在就無法獨立，內心有著某種不安的存在，他們試圖從另一半的身上，得到自身匱乏的彌補。

關於愛情，我想給各位的建議是不以「匱乏」的動機與誰相愛，而是以「成長」的動機去相愛。

這樣的愛情能拓展你的人生，並因而使你富足。是你的既存世界和另一個世界相接合，經過連結、拓展促使兩人一同成長的關係。

但這並不局限於戀人關係。比如有的朋友是只要聚在一起，就開始聊某個人的八卦，喜歡閒聊來消磨時間；也有的是雖然不常見面，但是高品質的對話中，可以感受到自己是被理解的。

而且，和一個總是努力學習、積極發展的朋友來往，你也會感染到他的正面能量。

情侶關係也是如此。以改變並擴展世界的戀人談戀愛，該是多麼的幸福？

各位可能會好奇，不知道該怎麼做？但其實很簡單，當你檢視自己時，要能夠從「內在小孩」獨立為「內在大人」。

能把自己過好的人，才會有餘力成為促使別人拓展人生、並得以成長的人。

我要你只對我一個人溫柔

愛情終於來到身邊。每當想起他時,我希望可以常常和他在一起;我渴望知道他的一舉一動,我希望可以把我的一切都給他;當我望著他深邃的眼睛,心裡滿滿都是幸福;當他親吻我並輕輕愛撫我時,我會渴望和他之間的關係能再深入一些。

以前無法理解那些關於熱戀的說法,現在,自己終於有了深切的體悟。

可是,突然有一天,這份情感不再只有美好的感覺。當那個人的眼神停留在別人身上時,我的心底就有一股嫉妒在沸騰。我多麼希望那個人只看著我,把他的關心和愛都只給我。

以前沒發覺,原來我也是會嫉妒的人。隨著他和我關係的曲曲折折,我的情感也在天地間起起落落,像坐雲霄飛車一樣。

戀人關係,是我們人生中非常獨特的人際關係。是你和他之間的獨占關係,是別人無法參與的排他性關係,更是無法由他人替代的獨一無二的關係。但也正因為如此,除了感受到從其他的關係無法經驗的強烈依戀(attachment)外,對戀人也會產生強烈的執著。因此,愛情雖然會帶來幸福的恍惚感,卻也會讓

人嘗到極度的痛苦。

關於愛情，有人說：「比死還要痛苦，比毒藥更折磨。」尤其是陷入叫做「占有欲」陷阱的愛情更是如此。

戀人只要一時聯絡不上或和其他人說話，可能就會被你抓著把柄、發脾氣。如同他是你的整個世界，你也希望在他心裡，你就是他的唯一。

如果對方突然刻意的保持距離，你會因此而感到極度不安和憂慮；當你的雷達偵測到對方因為這些舉動而打算離開自己，當然會極盡所能的讓他知道自己有多麼愛他。

比如一口氣吞下兩星期分量的安眠藥，然後打電話給他：「沒有你的世界，對我而言就是死亡。」

心理學家朵洛西・坦諾夫以（Dorothy Tennow）「戀愛強迫症」（obsessional love）形容這種情況。

雖然陷入愛情的程度因人而異，但大家多多少少會經歷這種戀愛強迫症。如何分辨什麼程度算是正常戀愛，什麼樣的情況算是問題，戀愛強迫症的界限其實曖昧不明。

有人是每次談戀愛都會表現出這種強烈的愛意，有人則是一輩子都沒弄懂這種熱烈的愛情究竟是什麼。

我跟某人可能是不慍不火的談戀愛，跟某某人又有如煙火般熱

情。想想自己的戀愛模式就可以發現，二十世代時對愛情滿懷熱情，進入三十世代後，就變得比較想要務實且安定的愛情。

　　人就是這樣形形色色，有著各自不同的面貌與人生，於是你和某人的相遇也併發出不同的樣貌。

　　過度執著往往是基於無法理解愛情的這種多樣化而產生。認為愛情是絕對附屬於彼此，便強行把自己和戀人套進這個觀念裡。

　　或許你的占有欲是應該的，這對愛情而言，更是不可或缺的要素。占有欲可以是更深入接納彼此存在，以及愛的更深切的要素。戀人那可愛而不至過分的嫉妒，是為了確認彼此的關係；「我當然可以對你抱怨」的舉動，是因為確信兩人的關係才會有的行為。

　　但有一點請銘記在心。越過道德界限的猜疑和執著、對一些小事的過度解讀、造成對方困擾的占有欲，只會讓戀人想從身邊逃開。

　　如同愛情的一體兩面，占有欲也像銅板的正反兩面。積極的正面以及陰沉的反面之間要如何選擇，決定權在於你。

　　過度嫉妒和占有欲的另一個名字叫做「自卑感」。當你仔細的感受、擔心戀人對別人感興趣的心情，很多時候是內心深處潛伏著認為「在對方面前我沒有條件、有所不足」的心態。

　　莎士比亞的四大悲劇之一的《奧賽羅》中，狡猾的伊阿古暗

示奧賽羅將軍的妻子苔絲狄蒙娜和他的副官卡西奧有染，試圖激起奧賽羅的嫉妒。

雖然只是一個假設，但我仍然不禁要猜想，如果奧賽羅不是非洲出身的少數民族摩爾人，如果苔絲狄蒙娜不是一個各方面都完美的女性，如果卡西奧不是個出眾的年輕人，那麼也許就不會發生奧賽羅質疑無辜妻子的悲劇。

雖然伊阿古只是個配角，但我認為，他可能是奧賽羅內心深處，名為自卑感的內在自我的形象化身。

如果你是一個有強烈占有欲的人，何不窺探一下你的自卑感？「原來我是因為這些問題，才會害怕有人搶走戀人的愛，才會擔心受怕」，哪怕只是體認到這一點，也足以讓心裡好過一點。

不妨相信你的戀人吧。與戀人分開的時間裡，也要能享受只有自己的時光，並安穩的等待戀人的出現。

因為對戀人而言，你是值得被愛的人。

不被「為你好」的假面欺騙的方法

　　到處都有人在談論「煤氣燈效應」（gaslighting）。

　　這個詞像是一個通關儀式，YouTuber 的戀愛專家們無不以此作為節目的賣點，就連精神科醫師或心理學家也都是輸人不輸陣，對此紛紛以專家身分提出看法，諮詢戀愛問題的網路社群平台更是為此爭論不休。

　　煤氣燈效應聽起來像是最新的發現，其實在精神醫學或心理學上存在已久。「洗腦」（brain washing）、「暗示」（suggestion）、「投射」（projection），都是與此效應相關的專用語。而結合這三種方式所產生的作用，便是操縱對方心理、予以支配的煤氣燈效應。

　　洗腦是指轉變某人的思想或價值觀。我們經常受到組織、公司、國家及宗教等團體的洗腦，有時是以隱密無法察覺的方式，有時是開門見山的方式，但一切感覺都是那麼合情合理。

　　我們能以人類而非禽獸的身分活在這世界上，就是因為教育之名對我們的洗腦。我們觀念裡的對與錯、美與醜的價值觀也都是這樣得來的。

　　暗示，是指某人無意識或有意識的接受他人的思想、觀念、

意圖或行為等，並誤以為那是自己原本的想法。

如果說「洗腦」是全面的、文化性質的說法，那「暗示」也許可以說是針對人際關係的心理學說法。

最後談投射，簡單的說就是放屁的傢伙先生氣，把讓自己感到不自在的自卑感、罪惡感、侵略性等怪罪到別人身上。

令人意外的是，這些試圖將別人置於自身影響力之下並互咬的關係，我們確是如此堅定的維繫著。這些很日常，有時更是一種必要。

其實這些不一定都是負面的。父母會不斷以無關乎客觀的事實暗示子女，你的存在本身就是一份喜悅、一份寶物；同樣的，戀人之間也會以視對方為世界上唯一珍惜的人等，用恰如其分的幻想套住彼此。

那麼，我們又該如何分辨應該避開的煤氣燈效應？包括親密關係中，單方面施加影響力的問題在內，也請各位要了解加害者與被害的特質上，必定會有如以下吻合的情形。

首先，煤氣燈效應的加害者多半有「自戀」（narcissist）傾向，這些人對他人缺乏認同感，也不會有罪惡感，有著不把他人當回事、戲弄他人的自私面。

但令人不解的是，這類人身上總有一股吸引人的魅力和氣息，所以難以看到他們的真面目。

總歸一句話，他們就是「看起來友善又有魅力的混蛋」，剝削他人來證明自身存在，便是他們的人生。

　　發現好欺負的獵物，把他們困在蜘蛛網上虐待對方的情感，然後一口口蠶食對方。這些自戀者不只是對他們的戀人而言，對任何近在他們身邊的人而言，都是一件不幸的事。父母、朋友、職場上司或同事，無一倖免。

　　第二種我們要談的，是受害者。受害者的情況可以分成兩種，一是對「看起來友善又有魅力的混蛋」辨識能力不足，年紀太輕或對人的經驗不足時就有可能如此；或者加害者的外在印象太好，以至於受害者被蒙蔽了雙眼。

　　不管怎麼樣，這種情況都不算太糟，受害者可能會突然在某個瞬間發現「咦，不應該是這樣吧？」然後伺機脫離加害者的魔掌。

　　第三，自尊心薄弱，所以對自己的想法或需要的選擇，當然也包括自己的存在完全沒有自信。

　　不斷的陷入煤氣燈效應，是因為「我很愚蠢」的自我指責陷入自我嫌惡泥沼的同時，又感動於對方仍然願意愛如此愚蠢的自己，而對加害者心存錯誤的敬畏。

　　那麼，到底要怎麼避免煤氣燈效應呢？其實我們沒有可以對

付別人的最好方法，唯一能做的，就是照顧好自己。

　　首先，鍛鍊自己辨識自戀者的眼力。這並不難，多少有點自尊心的人一定都能明白對方不是好人，是害你的人生蒙受災難的存在。

　　真正的問題是那些因為自尊心薄弱，連這種問題都無法思考的人。明明愛情沒那麼幸福，卻想不到究竟是哪裡出了問題。

　　談戀愛時，應該要覺得自己是世上獨一無二珍貴且重要的人，並得到相對的對待。如果有人覺得你是個無能又愚蠢的人，那麼在好好審視自己的同時，也要好好審視對方。即使痛苦，也要努力去面對他和你的本質，才是不再重蹈覆轍、掉入陰暗又可怕的煤氣燈效應的方法。

　　關於辨別自戀者，其實從書本或 YouTube 上都能找到各種方法，比如如何分辨追求華麗的形象、過分在意外表、自大傲慢、缺少對他人的認同感、欠缺罪惡感等的方法。

　　想要看穿這種對象，就要像各種建議中提到的，一定要張大眼睛，評估對方的一舉一動，然後自問：「他是不是自戀者？」

　　就像在做是非問答題一樣，其實不需要這麼費心地觀察，然後把觀察結果細分成幾乎是奈米等級來分析。

　　這裡教各位一個很簡單的方法。

「原本以為只要和他成為戀人，我就能從此幸福快樂。可是為什麼在一起的時間越久，我就越覺得談戀愛不再那麼開心了？」

各位只要想清楚這個問題就夠了。

因為他不會允許你保有完整的自己，會要求你符合他理想中的樣子，或按照他的喜好來生活。甚至會為了讓你的個性符合他的希望，比如文靜，或有女人味，而不動聲色地改造你。

送給你的禮物是買他中意的飾品，也絕對不允許你剪掉長髮；模仿 YouTube 上看來的幽默橋段想讓他發笑時，他卻皺起眉頭，不著痕跡地讓你知道，他不喜歡你這麼做；對於你因為喜歡狗狗，以後想當流浪犬義工的心願也都不以為然。

他只想要你符合由他規格化、理想化的框架並加以改變。在這種情況下和他見面時，你開始漸漸失去自信，變得凡事都要看他的臉色，而且越來越壓抑自己。

明明在職場上或在朋友間，大家都說我能力好、個性也容易相處，可是只要和他在一起，我就顯得無比渺小……

自戀者很擅長讓對方充滿負面的自我思想，巧妙地施以「一切必須按照我說的去做！」的煤氣燈效應。

當自己的思想充滿「我很愚蠢」的負面想法，人是不可能會

幸福的。因此即便以為找到了對的戀人，卻為迎合戀人喜歡的樣子摒棄原本的自我，結果發現自己只有越來越渺小、越來越感受不到幸福的話，那麼有極高的可能性，你的戀人就是自戀者。

並非所有人都會陷入自戀者施加的煤氣燈效應，繼續扭曲的戀人關係，只有當自戀者與自尊心薄弱的人相戀，才會出現這種關係。因此必須要有所認知，陷入煤氣燈效應的問題上，自己也有一部分的責任。

主動發出攻勢的自戀者與自尊心薄弱且被動的受害者，擅長操控對方的自戀者與習慣被操控的受害者，唯有這種組合，煤氣燈效應才有發揮的空間。

審視戀人的同時也請審視自己，才能避免下一次戀愛又重蹈覆轍。

CHAPTER

3

關係的溫度

Love between Us

·

比起熱情，
更重要的是忠於
自己的溫度

愛情的三角形量表

各位對香水有興趣嗎？

我喜歡香水，週末或外出前挑選香水，是一件幸福的事。細看瓶身背面的說明可以看到前調、中調以及後調等的用語。

剛噴香水時散發出來的氣味是前調，約莫三十分鐘至一小時後聞到的是中調，而二至三小時後聞到的濃郁香氣便是後調，以香氣揮發時間的差異區分氣味變化。

與戀人的關係就如同隨時改變的香氣，所以有必要先對此有所了解。耶魯大學的羅伯特・史坦伯格（Robert Sternberg）教授透過「愛的三角理論」，將愛情分為「親密感」（intimacy）、「熱情」（passion）、「承諾」（commitment）三要素的變化加以說明。

所謂親密感，是指相愛的關係中，感受到彼此是緊密結合的情感屬性；熱情是激起浪漫的情緒，以及感受身體魅力的欲望；承諾是愛一個人的約定，並願意對這份愛負起責任的認知。

親密感在兩人剛開始拉近距離時會穩定上升，但是隨著時間上升到一定程度後，幅度會開始下滑。

相戀初期，親密感會迅速上升，是因為彼此還不夠了解的不確定性，是基於對對方的好奇心，以及為了了解對方而學習的熱

情使然。熱情不同於親密感，一瞬間就能燃燒起來，但是過不了多久，彼此熟悉了、習慣了，熱氣也就散了。

承諾指的是承諾和責任感，其產生與擴張的過程比較直接。不同於親密感或熱情，性質上比較單純。一般而言，相親結婚的情況下是承諾優先，親密感與熱情在後。

愛情便是像這樣由親密感、熱情、承諾構成，對某個人愛的深淺，由這三要素的程度而定。

史坦伯格教授認為，當愛情的三要素相等，才是一份完整而值得信任的愛情。端視三要素相對的大小，可以區分為完整的愛、浪漫的愛、友誼式的愛、空虛的愛以及虛幻的愛等。

剛開始談戀愛時，與戀人比較接近熱情和親密感主導的浪漫愛情；當這份愛變得深厚，走向訂婚或結婚的儀式後，兩人會得到浪漫和親密感以及承諾均衡交織的完整愛情；當熱情因屬性而隨時間熄滅，會比較接近親密感和承諾主導的友誼式愛情，如同香水的前調、中調、後調一般。

如果說挑選香水時要以後調為主要考量，我認為愛情也是如此。長期維持親密感和遵守承諾的對象，才能成為穩定的另一半。承諾是從戀愛初期開始隨時間而增加，戀愛後期更是一個重要的角色。

當然，也有人不一定符合這個流程，也有人是沒有半點熱情和親密感，只靠承諾活下去的空虛愛情。這種空虛愛情不論多

努力，都很難產生親密感和熱情。

　　另外一種是，第一眼就愛上然後馬上結婚的，只有熱情和承諾的虛幻愛情。一旦心靈不再被蒙蔽，這種虛假的愛情會迅速冷卻並互相推卸責任，認為是被對方欺騙做了錯誤的選擇。

　　你的愛情三角是什麼狀態？過了戀愛期進入倦怠期了嗎？熱情的要素會消失或許是理所當然的事，你認為這就是倦怠期嗎？你的愛情裡有親密感和承諾嗎？如果沒有，那並不是倦怠期，而是愛情已經走到終點。

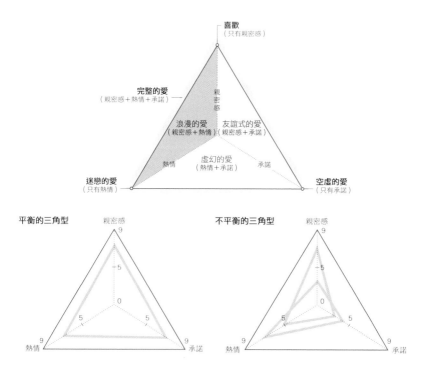

史坦伯格的愛情三角形量表

請將○○○代換為心愛的人的姓名。

每個題目的分數為 1～9，請選擇最恰當的分數。

1	2	3	4	5	6	7	8	9
完全不		不是		普通		是的		非常正確

1. 我願意積極的支持○○○的幸福。
2. 我和○○○是熱情的關係。
3. 當我需要時，我可以依賴○○○。
4. ○○○在有所需要時，可以依賴我。
5. 我會欣然與○○○共享我的所有。
6. 從○○○身上，我得到充分的精神支持。
7. 我給予○○○充分的精神支持。
8. 我跟○○○溝通良好。
9. ○○○對我的人生非常重要。
10. 我認為和○○○很親近。
11. 我和○○○的關係很自在。
12. 我真的很了解○○○。
13. 我認為○○○很了解我。
14. 我認為○○○值得信任。
15. 我和○○○共享很多我的個人資料。
16. 每次見到○○○，我都很開心。
17. 我發現自己經常在白天想起○○○。

18. ○○○和我的關係很浪漫。

19. 我覺得○○○很有魅力。

20. ○○○是我的理想型。

21. 我無法想像別人能讓我像跟○○○在一起時一樣幸福。

22. 我比任何人都希望能和○○○在一起。

23. 沒有任何事比我和○○○的關係還要重要。

24. 我特別喜歡和○○○的肢體接觸。

25. 我和○○○之間好像有一種「魔法」。

26. 我非常喜歡○○○。

27. 我無法想像失去○○○。

28. ○○○和我的關係充滿了熱情。

29. 看浪漫的電影或小說時，我會聯想到○○○。

30. 我對○○○充滿遐想。

31. 我知道自己的心思都放在○○○身上。

32. 我總是盡力在維護與○○○的關係。

33. 為了○○○好，我絕不允許有人介入我們之間。

34. 我確定和○○○之間的關係很穩定。

35. 沒有任何事能阻擋我對○○○的承諾。

36. 我希望我對○○○的愛能持續一輩子。

37. 我覺得我對○○○有強烈的責任感。

38. 我對○○○的承諾是堅定的。

39. 我無法想像結束與○○○的關係。

40. 我確實愛著○○○。

41. 我認為我和○○○的關係會是永遠的。

42. 我認為和○○○在一起，是最好的決定。

43. 我想對○○○負責任。

44. 我打算和○○○繼續在一起。

45. 即便○○○是難相處的人，我還是會用心經營我們的關
    係。

【得分總結】

第 1～15 題，是反應「親密感」，第 16～30 題，是反應「熱
情」，第 31～45 題，是反應「承諾」。

請結算每 15 題為一組的項目得分，你就可以了解自己的三
種愛情構成要素程度。

親密感 （1～15 題）	熱情 （16～30 題）	承諾 （31～45 題）	
93	73	85	遠低於平均分數
102	85	96	平均以下
111	98	108	平均
120	110	120	平均以上
129	123	131	遠高於平均分數

根據史坦伯格教授的研究，三種構成要素的得分越高，越代
表完整愛情。但略過或分數低也不一定是代表不夠緊密的關
係。所有的關係都有所謂的起伏，隨著時間，其關係性質也
都有可能轉變。

來源：《The Triangular Love Scale》from The Triangle of Love:
Intimacy, Passion, Commitment, by Robert Sternberg Copyright ©
1988 by Robert Sternberg Reprinted by permission of the author.

我們是戀情，還是愛情？

　　有一位受到許多男女追求，名叫納西瑟斯的俊美少年。

　　有位青年向他告白被拒，便用少年送給他的匕首自刎；森林的精靈因為無法向他表達愛意而日漸消瘦，最後形體消失，成了森林裡的回音。

　　向納西瑟斯告白卻被拒絕的人中，有人乞求讓納西瑟斯也經歷一次愛人的痛苦，而復仇之神涅墨西斯答應了這個人的要求。

　　於是狩獵途中，到湖邊喝水的納西瑟斯，愛上了水中自己的倒影。他寸步不離的守著自己的倒影，最後因為脫水而死。

　　後來，在納西瑟斯死去的地方長出了花朵，就命名為納西瑟斯，即水仙花。或許是基於這個原因，水仙花的花語是「自戀」。

　　假如我說，因為戀愛是需要有對象才能進行的事，我認為和戀人的愛情，就像是愛上自己的納西瑟斯，各位可能會覺得無法理解。

　　但從外在行為看得出來的階段而言，戀愛有一點像是兩個人在互相對打的乒乓球遊戲。

　　A 刻意在對象面前晃來晃去打球，當 B 也產生興趣加入後，

就是戀愛正式展開時。遊戲可能會愉快地進行下去，但一旦有人失去興趣，就要各自重新找尋新對象，再展開另一場遊戲。

讓我們來看看這個過程中，A 和 B 的心思。首先，A 刻意在 B 面前打球，只是為了想找 B 一起打球嗎？這個嘛，應該是因為喜歡上這個人了。

中意對方的外型、個性親切或能力過人，為了想要彌補自己感到卑微的缺憾等，會喜歡一個人總有各式各樣的原因。

覺得生活無聊只是想找一些樂趣，只因為對方「喜歡我」就對那個人產生好感，或羨慕自己欠缺的某種特質於是開始談戀愛，都是有可能的。

這樣的戀愛目的或接近對象的動機，都不是基於喜歡對方，而是為了自己。即便如此，談戀愛時 A 和 B 會專注於彼此，有時甚至於為了對方而忘了自己，但這也都是為了自己，而不是為了對方。

想要對方再多喜歡自己一點，或為了避免對方移情別戀，我們會願意為對方做任何事、事事為他設想周到。

人們會把更喜歡對方的人比作甲乙關係的「乙方」，然後問我，這樣的乙方所做的一切，是否都是為對方著想？我的回答是：「不是」。

乙方基於維持戀愛而更加努力的行為，只是為了戀愛這件事

本身，並不是為了對方。

　　實際上如果真是為「甲方」著想，應該是讓他／她去和條件更好的人在一起。就像安徒生童話裡的人魚公主，為了成全王子，她寧可選擇成為泡沫。

　　此外，一旦走到分手的地步，自己內心深層的核心情感會更明確的顯露出來。對於自己的經濟能力感到自卑的人，會認為「因為我沒有錢，所以他／她就不要我了」，對長相不滿意的人會認為「因為我長得又矮又醜，所以他／她就離開我了」，對於不喜歡自己優柔寡斷的個性的人會認為「因為我不夠果決，所以他／她就離開我了」。

　　與戀人的分手，令我們不斷糾結於投射在戀人身上，自己內心深處的自卑心結，並發覺自己陰暗的一面。

　　愛情，是我們會將「自己的欲望和期待」投射在戀人身上的事。其實比起愛情這樣的字眼，我認為戀愛一詞更適合稱呼戀人之間的愛情。

　　愛情這個語詞裡，也包含了父母親對子女的奉獻或信任，以及期待子女成長，不求回報的那份完好且崇高的心意。

　　當然，我並非意指戀人之間就沒有這樣的愛情。各位還記得詹姆斯‧卡麥隆導演的電影《鐵達尼號》嗎？最後一幕中，蘿絲不願和傑克分開，從救生艇又跳回岌岌可危的鐵達尼號，而

傑克把救命的木板讓給了蘿絲，最後葬身冰冷的海底。飾演傑克的李奧納多‧狄卡皮歐最後的台詞令人印象深刻。

「拜託，聽我的話。答應我你會活下去，告訴我你絕對不會放棄。不管情況有多麼的絕望，現在你就要答應我，絕對不可以忘記我們的約定。」

從戀愛自然而然發展成愛情，是一件很美好的事。即便一開始是基於自己的欲望和期待才去注意到對方的魅力而成為戀人，隨著時間，儘管期待和欲望未能得到滿足，但是對那個人的心意依然沒有改變，欣然地承擔守護戀人的責任的那種關係。

對方加入我的人生，雖然有時難免損失，但是也有好處的時候。當然，也可以在和各式各樣的人談戀愛的同時，尋求完全沒有半點損失的人生。

不過，如果經歷過對方因為你付出的愛、感受到幸福，而你自己也因而充滿喜悅的那種境界，各位應該就能體會到，那是人生中多麼美好的祝福。

如此令人陶醉的美好，是因為體驗到身為一個人所能擁有的最強烈的熱情和幸福感。不同於酒精或麻藥，這名為愛情的妙藥在經過時間的淬鍊後，能帶給人們穩定的滿足感與幸福感，這是何等的偉大啊！

謝謝你的愛。

讓我體悟到忘記自己是如此的溫暖。

·

Thank you for love.

For letting me know forgetting myself is so warm.

持續心動的愛情心理學

有一部雖然年代久遠，但至今仍被視為是經典的愛情電影，那就是演員劉智泰和李英愛主演的《春逝》。

電影上映當年，是我年過二十的第一次戀愛，跟所有戀愛的人一樣充滿了幻想：覺得我的愛情是永恆的，我的戀情是最特別的，和我相遇的這個人是我的完美理想型，是能為我趕走孤寂的世上唯一的存在。

以上雖然是題外話，不過在戀人之間，這種「積極幻想」（positive romantic illusion）是必要的。

想像著那個人是優秀的人的幻想，是當自己具備健全的自我，並以積極的態度看待這個世界與他人時才會產生的想法。

簡單的說，當你積極的看待自己，才能夠也以積極的想法去看待他人。相反的，自尊心薄弱的人對他人不會有太大的期待。多少會用「哪會有什麼特別優秀的人」的譏諷眼光看待他人，所以即便另一半不是特別出眾，還是會和他展開戀人關係。

總之，當時自認為是在談一場偉大戀情的我，有一些過度的導入尚佑（劉智泰飾）的情感。對提出分手的恩洙（李英愛飾），尚佑不斷地在心裡自問「你變心了嗎？」的心情，正好也是我

的心情寫照。

當宛如一場狂熱症的愛情冷卻，我和初戀分手了，我感受著同劇中人物尚佑的痛苦，故意拿他舊戀人的事情為難他。

電影的最後一幕場景，對當時處於熱戀期的我並沒有多深刻的感受。經過很長一段時間，再次見到恩泺的尚佑，斷然拒絕了恩泺希望復合的請求，獨自一人來到從前和她約定要一起來的蘆葦田裡，尚佑戴上耳機，聽著蘆葦被風吹動的聲音，內心找回了真正的自由。

我記得剛結束初戀時，看著這一幕放聲大哭的那一次，就好像是和智泰一起度過了揮別愛情，清理心中陰霾並哀悼的那個瞬間。從這部電影我們可以了解到，愛的深度和速度不一定是一致的。

愛情會變，愛情也有賞味期。

關於愛情的有效期限，科學上有實際的數據可以證明。據說戀人之間浪漫的愛情是一種化學作用，大腦分泌的最基本物質苯乙胺（Phenethylamine）會麻痺理性、刺激熱情，進而令人產生幸福感。

事實上，苯乙胺是麻藥成分安非他命的一種，也是蒙蔽戀人雙眼的第一功臣。科學家普遍認為，戀人之間熱烈的愛情，一般大約能維持兩年左右。在這之後不再被蒙蔽雙眼，開始在意

對方的缺點。

與苯乙胺同時引起愛意的荷爾蒙叫做催產素（Oxytocin），不分男女，在性接觸時分泌。媽媽在照顧寶寶時也會分泌，這就是我們時常能見到生產後的媽媽將孩子放在第一位，並全心全意育兒的原因。因此，催產素也稱作關係荷爾蒙、愛與幸福的荷爾蒙。

即使苯乙胺的熱情熄滅，但催產素的親密感仍然會持續，使我們得以和戀人進行長期的戀愛。

除了神經傳導物質與荷爾蒙的作用之外，心理學上關於愛情有效期限的說法也有其可能性。

和心愛的人終於發展到戀人關係的瞬間，因為不斷面臨變化狀態的人類有一種試圖回到中立狀態的進化傾向，所以這份喜悅和幸福感無法長久。

這種傾向在專業術語中，稱作「適應」（adaptation），類似的含意有「減敏作用」（desensitization）、「習慣化」（habituation）。

我們不斷追求快感，卻又很快就感到無趣，然後又重新尋求新的快感。因此，那些認為自己正在談一場世上絕無僅有的世紀之戀的戀人們，也會對彼此的關係感到乏味，有時甚至索性提出分手，然後又去尋覓下一個戀人。

那麼我們該怎麼做？只因為苯乙胺或「適應」這些東西的作

弄，每兩年換一個戀人嗎？答案不應該是這樣。

其實我們感受到的快感並非只是肉體上的快樂，也涵蓋了更高層次的心理快樂。比方像是從事興趣活動時，欣賞藝術家的作品時，心裡受到感動、認同的那種情感。這也是我們在一段愛情裡除了肉體，還需要不斷的互相交流情感上、心理上滿足感的原因。

但我們儘管享受戀愛初期的相愛時刻，在這之後就會變得不再花心思去努力了。簡單的說，這是倦怠期在作祟，使人不再有餘裕投入心思。

戀愛長跑多年後步入婚姻的情侶，在為了結婚的準備而進出婚紗店時，他們唯一會交流的是針對婚禮的想法。

攝影棚拍照、禮服、化妝是基本的討論事項，其他方面也只在籌備蜜月旅行、布置新家的事上花費心力。婚禮當天和蜜月旅行，這約莫一個星期的白日夢後，就要認命的開始數十年如一日的夫妻生活，而人們其實都不太會事先思考在這之後的問題就結婚了。

「灰姑娘與王子從此以後，過著幸福快樂的生活」？童話的結局如果真要以快樂落幕，那灰姑娘和王子都需要努力去適應在這之後環境上的改變。

灰姑娘要努力記下各種正式場合的禮節，適應身為王妃的新

角色;同樣的,王子也要成為她在陌生宮殿裡可靠的友軍,並成為世上唯一多情的戀人。即便在外人面前謹言慎行,私底下也該放下社交的假面,像孩子般一起打鬧嬉戲。

平凡的戀人或夫妻之間,即使過了初期的熱情階段,也要像這樣保有多變的關係。情侶之間一旦過了時限,都會漸漸失去共同的話題。坐在咖啡館裡各自盯著手機,或下班後的夫妻除了說說小孩今天吃了什麼、小兒科醫師說了什麼之類的話題外沒有其他事情可聊,這時就該好好思考兩人的相處方式了。

戀愛初期的心動和以性生活添加生活情趣的戀人模式,或作為父母親角色的框架,會在不知不覺間讓兩人的關係僵化定型。

我認為關係良好的戀人或夫妻的秘訣,是能夠扮演彈性的角色。從「我們是情侶」開始,「我們是彼此最好的朋友」「我們是人生中最契合的伙伴」「疲倦時我們是彼此可以休憩的安身之所」等,能夠做到多樣化的角色時,兩人的關係將更加的豐富和幸福。

這裡需要的,是和戀人共同的努力和意志。如果能試著不以單一角色的固定關係,而是讓關係變得更多采多姿,相信應該可以讓各位以嶄新的、再次心動的目光看待戀人,並長久相處下去。

關於熱烈的愛情,以科學研究聞名的美國心理學家伊萊恩・

哈特菲爾德（Elaine Hatfield）與威廉・沃爾斯特（William Walster）的研究提供了很多暗示。

「浪漫的晚餐、晚間的相處、在家共進晚餐以及休假，這些都是重要的事。

「如果想要維持關係，那麼兩個人都試著持續以美好的事物連結彼此的努力，是很重要的事。」

讓你做你自己、讓我做我自己，
這種溫度就叫愛情。

·

The temperature that let me be myself
is what we call love.

當付出得不到回報

忘了是從什麼時候開始，我們經常聽到「情感勞動」（emotional labor）一詞。

這原是顧問或銷售等服務業人員會隱藏本身的情緒，展現語氣、表情、行為來滿足顧客的一種刻意的行為。但我們都忽略了一件事，我們在私底下，也從事著許多不亞於面對外人時的情感勞動。

就家庭而言，以父母、子女、夫妻為名，很多事都在要求我們付出情感勞動。有一次，來看診的一位患者告訴我，她看了一本名叫《女兒不是媽媽的情緒回收桶》的書後，覺得心有戚戚焉，哭到不能自已。

為了讓媽媽消氣，她一連好幾個小時聽著媽媽的抱怨，從對爸爸的謾罵到批評姑姑，好不容易等媽媽心裡舒坦了，患者也早已精疲力盡，而這種情形從她讀國中到現在，已經三十年了。

作為家中長女的另一位患者，則是聽著「你是姊姊，要讓弟弟」這句話長大，直到現在，看到電視劇裡出現重男輕女的場景，胸口就會立刻湧上一股怒氣，整個人被憤怒所包圍。

我還遇過醫院有緊急狀況，就必須隨 call 隨到的綜合醫院心內科醫師，有一次，他的太太在看完朋友的網路社群的照片後，向他不成熟地發牢騷：「為什麼你都不會像我朋友的老公那樣，在我生日時親自煮湯給我喝呢？」

　　戀人之間我們也會要求情感勞動。交往一百天紀念、交往一週年紀念、生日，理所當然的認為應該要安排某種特別的約會，並等著對方的驚喜。

　　如果我是那種會特別去記住特殊日子的人當然沒問題。按照戀人的喜好挑選禮物，然後想像著對方收到時開心的樣子，大腦裡的腦內啡就已經開始不停使喚地分泌了。

　　為了想在男友生日當天分送幸福給他公司的同事，而滿懷心意地親手做三明治、烤餅乾。我在當實習醫師時，也見過一個同期的小伙子幫自己在其他科實習的女友做事，明明自己都累到快不行了，還一臉幸福的模樣。

　　好了，做到這樣也就夠了。看到對方因為我做的一切而幸福的樣子，就該知足了，可不需要為了對方沒有禮尚往來就黯然神傷。

　　「我做了這麼多，你也應該同樣付出」這種要求，對彼此而言都是一種情感勞動。

　　不過，遺憾的是，人類是以自我的經驗審視世界的一種存在，

如果為戀人做到 100 分，也會希望能夠從戀人那兒拿回 90 ～ 110 分。萬一自己的給予沒有得到同等的回報，就會因為預設立場，認為戀人不夠愛自己，而覺得被對方辜負了。

希望各位記住，在戀人關係上的物質、感情、付出的時間，都不是那麼簡單就能計算的事，這是一個各種變數混合作用的事實。

例如「A 的個性 × 喜歡的程度 × 狀態」會產生變數的作用。以一個在個性上說不出甜言蜜語的人來說，雖然非常愛對方，但是可能因為剛好在準備重要的考試，或正好在忙公司的專案，所以沒能準備好生日禮物，或將近一個月沒有時間見面，卻不擅於表達抱歉的心意。

如果再加上「對方 B 的經驗（基於前任）×（對現任）期待 ×（對現任的行為賦予的個人評價）解讀」，狀況就有可能無限的膨脹。想著前任都會這樣，交往一週年了至少該買個情侶對戒，甚至於猜想著，這會不會是 A 想分手的前兆而自尋煩惱。

如果無法理解人世間就是如此複雜多變，很容易造成誤解，認為戀人對自己有多好以及夠不夠關心，就是證明愛有多深。

此外還有一點，比起我們為戀人付出時該有的純粹心態，更多的是認為「我都為你做了這麼多，你就應該愛我」的私心。

戀人關係，是一種時刻都要確認你我是彼此特別的存在才能感到安心的關係。

　　如果為戀人付出是為了得到同等的回應，這樣的想法也許是把自己幸福的主導權交付到對方手上。

　　如果對方沒有給予任何的反饋，不用多說，結論很明顯是他並沒有那麼愛我。

　　看著戀人因為自己的付出而幸福的模樣感到欣慰時，代表幸福的主導權是在自己手上。

　　如果你不太能理解這個說法，那麼請試著想想在「追星」這件事情上，自己一個人也能感受到幸福的那種心境。

　　買 BTS（韓國男子偶像團體，防彈少年團）的 CD、周邊商品、把生日禮物寄到所屬的經紀公司，就算他們不知道我的存在也沒有關係，因為他們是我的「繆斯」，是我的「超級巨星」。

　　為了他們的人氣和光榮能夠長長久久、在演藝路上堅持下去而應援和支持時，我自己也會因而感受到幸福。

　　即便不是戀人，以長遠來看，朋友或熟人也至少是某種程度上感情、物質以及時間能夠等價交換才能長久成立的關係。

　　不過，這種等價交換在戀人之間，可能會有各種因素，導致無法確實達成。要有這樣的認知，才能避免彼此之間累積不必要的誤會。

　　真正幸福的關係，應該是能為他付出而感到幸福，同樣的，

對方也因為你的付出而幸福。

　　當然，我知道這是很理想的說法，但如果戀人之間都能成為彼此的「繆斯」「超級巨星」，那該有多好啊！當彼此的付出在某種程度上能夠自然而然達成等價交換時，我們就能成為幸福的情侶。

宅宅的我遇上受歡迎的他

　　內向型和外向型的人交往時，從約會場所到要不要一起出席聚會、要怎麼各自打發時間等，從一到十，兩人的意見可能都會不一樣。

　　內向型和外向型天生的氣質是不會改變的，但還是會基於職業的需求，在適應的過程中，或生活中刺激了怯懦的自尊心，促使重新振作的環境變化而有程度上的差異。話雖如此，氣質本身並不容易改變。

　　問題來了，對方很「insider」（很融入團體的人）的活潑傾向和自己的宅傾向漸漸產生矛盾。剛開始樂於陪你在家裡看看書、看影片的他，現在卻覺得這些事情都很無趣。

　　其實你也一樣。原本覺得喜歡極限運動、走遍世界各地的他，旺盛的生命力是那麼有魅力，現在卻只有「他怎麼這麼精力旺盛？」「到底要到幾歲才能穩重一點？」的想法。

　　所謂的刺激，是指外界事物作用於我們身體的輸入強度，包含火光、聲音、社交生活等要素，而內向和外向者各自追求的刺激程度，並不相同。

　　心理學家漢斯・艾森克（Hans Eysenck）曾指出內向型和外向型

的差異在於「上行網狀活化系統」（ascending reticular activating system, ARAS）此大腦構造的作用。

ARAS 是大腦皮質層與連結其他腦領域腦間的一部分，針對進入腦部的刺激強度予以調節，達到覺醒過剩與覺醒不足的平衡。這裡指的刺激是除了視覺、聽覺、味覺、嗅覺、觸覺等基本的單純刺激之外，還包括了來自人的各種複雜的心理刺激。

簡單來說，比起外向型，內向型接收這種刺激的 ARAS 更為敏銳。處在同樣的刺激下，內向型的覺醒更多、消耗更多身體和精神上的能量，因而容易感到疲倦，所以比較能夠享受獨處，也喜歡安靜的場所。

相反的，外向型的 ARAS 多半遲鈍而自主覺醒不足，因此獨處時對於安靜的氛圍會覺得無聊，喜歡到處找能讓人感到興奮的刺激。

在各種刺激中，外向型最喜歡來自人的刺激（內向型型反而會覺得應付來自人的刺激很困擾），所以他們很喜歡聚會場合，喜歡與人來往。

在人際關係上，內向型喜歡關上辦公室的門，一個人專注於工作，外向型則喜歡像是主持會議等有機會表現的場合。

換言之，就是行事上各有各的的「甜蜜點」（sweet spot）。在此甜蜜點的前提下活動時，內向型有內向型的作法，外向型有

外向型的作法，讓生活充實又有活力。

　　如此本質上不同的氣質，來自金星的外向型與來自火星的內向型相遇成為戀人時，當然免不了有所阻礙。

　　他無法理解你為什麼要活得這麼死氣沉沉，過著「無趣」的人生；而你一天到晚跟著他到處奔波，每天都累得不行。

　　雖然彼此都很努力想要找到契合點，只是這並不容易。最理想的情況，是內向型和內向型在一起，外向型和外向型在一起，如此大家都能一拍即合，約會行程和今年夏天的度假計畫都不用太傷腦筋。

　　但很多時候，我們會陷入熱戀，是上天開的一個玩笑。讓他被你那文靜與沉著的身影所吸引，你也受到自己所欠缺的積極和活力的魅力而成為戀人。

　　當個性如此迥異的內向型和外向型成為戀人，最好的解決方案，便是明確認知他和你有不同的人生領域。僅以戀人這個理由，就認為兩人應該要形影不離的想法之下，彼此之間不可能不產生矛盾。

　　各自喜歡的生活領域中，他可以沒有你、你可以沒有他，應該要果斷的認可這一點。

　　你能自己一個人去書店，他可以單獨去參加大學同學會和酒吧。可是，他和你見面，一起用餐喝茶的這段時間裡，必須是

專注地看著彼此的眼睛、分享過去幾天各自的情況。

對方最近公司裡有沒有什麼特別討厭的人？家裡養的狗狗結紮手術有沒有什麼問題？像這樣好好把握與戀人相處的時光。

外向型就像路邊綻放的蒲公英，有著頑強的生命力，到哪裡都能長得好，不需要多好的環境。

萬一這樣的人不巧有個內向型戀人，還請記得他／她就像一朵蘭花。

蘭花容易枯萎、更不容易照顧，有著澆水或日照過度雖然不至於枯死，但也不會開花的脆弱特質。不過，也有只要給予適當的溫度、濕度和日照，就能開出淡雅花朵的潛力。

如果彼此個性不同，請務必要記住對方是如蒲公英和蘭花般的人。只要做到認同彼此差異，尊重各自的生活，蒲公英就可以是蒲公英，蘭花也可以是蘭花。

CHAPTER

4

大人的
離別

Our Goodbyes

·

不那麼痛苦，
釋懷說再見的方法

分手後，仍然默默關注對方社群的你

和交往兩年的戀人分手了，痛苦到連難以呼吸，不禁埋怨每天早上太陽為什麼還要依然升起。

即便告訴自己要打起精神，想想今天該做的事，但還是忍不住偷偷去看他的社群，好奇沒有自己在身邊的他，過得怎麼樣。

最好是跟自己一樣，他也過得很痛苦，如果他也想念我那更好，也希望他會因此再回到我的身邊。

已經是結束了的一段關係，明知即便重新開始，還是會爭吵，但我還是這樣抱著希望。看著咖啡杯旁的相框裡的側影，已不再有意義。不知為何，竟然有一點安心的感覺。

我到底怎麼了？看著已經成為陌路的前男友的社群，窺探他是不是有了新的對象，我厭惡這樣的自己。

和戀人分手時，我們會想收回自己的能量。

失戀是一個不公平的過程，能量回收的速度在兩人之間會產生差異。不再愛你的他，不知道從什麼時候開始，已經在收回能量、準備分手。

以前每天總會聊到深夜的電話，現在都以公司的工作繁忙為由，不再每天打來；以前兩個人一起喝茶時，一雙眼睛總會閃

著期待，想知道你過得好不好，現在的他喊著上班很累，跟你聊的話題越來越少。

對方確實做到了能量回收和情感割捨的過程。但被強迫分手的你，現在才要開始從對方身上收回能量，然後還要試圖適應他從你這裡收回能量後留下的空虛，那是有如瞬間被切斷四肢的痛楚。

禁不住窺看對方的社群，是因為還無法收回自己的能量，是因為對對方還有些許依戀。事實上，如果窺看對方的社群可以得到心靈安慰、得到療癒，那麼你想看多久都可以，**只是實際上，窺看社群對於治療分手的傷並沒有幫助。**

創傷治療的第一個原則，是將加害者與被害者的物理性隔離。雖然戀人之間冠上加害者與被害者的說法並不恰當，但自己被傷害了是事實，而且提出分手對自己造成的傷害，即便不是他的本意，但他確實是加害者也是事實。因此，窺看前任的社群是在強行摳掉自己傷口的結痂，導致妨礙傷口復原過程的一個行為。

三十多歲的沙子小姐也有同樣的煩惱。

我問了她一個問題，如果有一天，在看他社群時，發現他交了新女友，她在外表、工作背景、個性都比你優秀，或各方面條件都不如你，或跟你差不多，你希望她是那一種？

第一次沙子小姐回答：「三種我都覺得不好。」可是過了兩、三分鐘，她才坦白地說：「我還是希望她各方面都不如我。」

　　一定要條件不如自己，日後他才會後悔，才會捨不得。只是即便如沙子小姐所願，前男友真的找了一個不如自己的新女友，看著他們甜蜜的樣子，她還是會覺得心裡不是滋味。

　　結論就是，窺看前任的社群，不論發現了什麼，都對你沒有任何幫助。這個節骨眼就算是靠抗生素和鎮痛劑來治療傷口都不見得有效，這麼做等於是在傷口抹上新的病菌，讓傷口化膿。

　　儘管如此，如果還是有人想知道對方的近況、想念得要命，那麼，我來告訴各位可以放心窺看前任社群的時機。

　　剛分手傷心欲絕時，先想辦法咬牙度過。當自己有了不錯的新對象時，或對他已經不再留戀，即使對方想復合，你也能不為所動地對他高喊「My Way」時，在工作上步步高昇、受到肯定，覺得和他的戀愛不再是人生的全部時，才是你可以看前任社群的最佳時機。

　　到時候你終於能客觀的去思考，再次看到的前男友不再像以前想的那樣帥氣，個性不好、跟你也不怎麼契合，而且並不是一個對愛情忠誠的人。然後你會把和他的戀愛看作是過往雲煙，再也不會去在乎他和誰交往。

事後才發覺，誰才是真愛的那一刻

　　很多時候，兩人的決裂往往是有一方出現了第三者。即便還沒有開始和第三者交往，但是會這麼做的可能性顯而易見，同時也漸漸對戀人態度冷淡。這種預謀腳踏兩條船的心思並不容易被發現，因人而異，可能會隱密的持續好幾個月。

　　有沒有人好奇，他們為什麼不乾脆先分手，然後再和新的戀人正式交往？首先，一般來說，兩人在交往期間，一定會有不太契合的問題，但因為沒有出現更好的選擇，所以只能繼續維持目前的關係。

　　人原本就是有更好的選擇，才比較容易放下既有的。如果沒有更好的選擇又放棄了既有的，因為無法斷言往後的人生會不會更好，所以即便有所不滿，仍會維持現狀，過著差強人意的生活。

　　當有一天，出現了新的對象並為之著迷，便開始等待適當的「名目」，以便提出分手。

　　其實不只是對戀愛關係，人在所有事上都會試圖找到一個合理的名目。因為不想被看作是沒有理由就貿然行事的惡人，所以會努力製造一個自認合理的藉口來自圓其說。

像是某個晚上聯絡不到人，或對結婚有不合理的要求等，會無意識地期待對方做出足以當成藉口的行為。萬一實在找不到名目，就只好端出「我們不適合」「我無法參與你的人生」這種曖昧不明的理由來提議分手。

　　我的患者中，有不少人是遇到這種突如其來的分手通知而不知所措。因為無法理解而苦惱的人當中，十個有九個，都是在事後才得知真相。

　　原來是有了別人，然後自己在不知情的情況下成了三角關係的主角，最後只剩下當事人自己。

　　若是情侶關係，還好只是心情有點糾結，算是不幸中的大幸；假使已經結婚，房子的所有權和貸款、兩人共同的存款、雙方家人及共同朋友等……有很多困擾必須面對。就算到這裡都還算能應付，如果連孩子都生了，情況也只會越來越棘手。

　　沒有走到這個地步，都算是幸運。要你試著把問題合理化來讓自己好過一點，這種安慰是毫無意義的。當然，像是要你從現在起好好振作、重新去愛的那些陳腔濫調，都是沒有意義的安慰。

　　如果你是還在找尋真愛，對現任感到猶豫的人，我希望你能早日告白你的心情，然後跟新的緣分雙宿雙飛，這才是對現在的愛情該有的態度。

你必須明白，一旦迴避問題的時間久了，也會影響到身邊的人。此外，當你和你的愛情共度幸福時光時，請記得前任的煎熬時刻也正要開始。

　　如果你發現新的戀人沒有想像的那麼好，覺得是自己看走了眼、做了錯誤的選擇想要回到前任身邊，對他／她最後的禮貌，就是最好打消這種念頭。因為從現在起，你的選擇和後果，是你該負起的責任。

　　當然，新結識的對象和緣分也可能是真正的愛情和緣分。人是無可奈何的弱小存在，只能被捲入人世間無法預知的偶然和必然的作弄。

　　錯誤的緣分最好還是各走各的路，只不過分手的過程中，還是應該要盡到該有的禮貌。很久以後，當前任和你想起彼此時，才能釋然地接受你們不是緣分，並記住曾經也是愛得熱烈。

　　這個責任完全在於先提出分手的人。**如果不能成熟地相愛，至少我們有義務成熟地分手。**

被潛水分手，錯不在你

我想為被潛水分手深深傷害的所有人，送上誠摯的安慰。

被潛水分手不是因為你做錯了什麼或不夠好，而是做出潛水分手的他／她是一個沒有責任感、不夠成熟的人。

生活中大至不動產契約，小至飲水機承租，一旦毀約，就必須賠償違約金並向當事人道歉，這是人類社會的基本守則。戀愛關係中默認的感情契約當中，他卻以突然斷了音訊，只用一封簡訊的迴避方式來處理問題，這是單方面破壞彼此的約定，不顧基本禮儀的無禮行為。

我們會隨著不同的戀人經歷多彩多姿的戀愛與分手，有時傷心、有時苦惱，然後重新振作，迎接另一個愛情。但所有的戀愛中，有一種情況會將過程中開心的事、幸福的事、分手過程中傷心的事、苦惱的事全都予以抹殺，那就是以潛水分手的形式被告知分手。

心理學家丹尼爾・康納曼（Daniel Kahneman）曾經提出愉快或不滿經驗的頻率或持續的期間並不重要，感受最強烈情感經驗（顛峰）與實驗的最後感受經驗（結尾），對於整體的幸福程度造成強烈影響的「峰終定律」（peak-end theory）。

人類的記憶並不是基於所有過往經驗的精確平均反應，而是以顛峰與結尾為中心所構成。套用於潛水分手來說，無關乎戀愛有多久、多美好，最後經驗的潛水分手而來的苦澀經驗（結尾），與潛水分手伴隨而來的苦痛、傷心等強烈情緒（顛峰），會長久留在記憶裡。也就是關於這場戀愛和這個人的負面印象，將會深深的烙印在腦海。

　　潛水分手會傷害當事者的精神狀態，使人不斷去想像各種狀況，進而導致這段期間的生活疲乏無力。

　　心情上雖然明白是因為不再喜歡我了，但還是覺得「禮貌上應該對我有所交待」的想法會不斷在腦海盤旋，所以不論怎麼想，都會覺得無法理解對方的想法。

　　一個人如果有什麼無法理解的過往，往往會無法釋懷、繼續前進。這種情形跟很多遭到排擠的受害者是一樣的，因為無法理解為什麼自己要被排擠而感到懊惱，於是不斷糾結過去。

　　和戀人分手後，我們會充滿思念、後悔和遺憾、自責和歉意等各種情緒，而被潛水分手的比較特別，會多了憤怒的情緒。不斷自責都是自己的錯，怪罪自己沒有魅力的一般性失戀階段之後，自尊心掃地，在抑鬱和悲傷之餘認知到「我被潛水分手了」的瞬間，猛烈的怒意會湧上心頭。

　　人類的各種情緒中，唯一會向外發散（outgoing）的情緒正是「憤怒」，當憤怒也都消散以後，才會按照自己的方式去接受狀況。

當終於明白是對方的問題，而不是自己不夠好或不對，認識他是運氣差，和他的這場戀愛是人生中巴不得抹去的污點，和他的戀愛將成為過去，自己就能重新拾起繼續前進的力量。

有些人認為我身為精神科醫師，理當也要能理解加害者的心理，我這就來分析一下情況。

第一，「發生不得已的情況，所以沒有心思考量分手該有的順序。」即便是事業失敗被追債的處境，打一通電話說實話應該不是多困難的事。

第二，「我從小就有迴避型依戀的傾向，人際關係上如果遇到問題，我會先避開再說。」等等，既然你想順應自己的迴避型人格過日子，為什麼還要去談戀愛呢？這跟「甜就吃下去，苦就吐掉」的行為有什麼不一樣？

當我們已經是大人，就要面對必須負責任的各種領域，當然，也包括關係上的責任。

在此我要把責任換成義務來說。如果說情侶間交往而來的情感滿足或幸福是一種權利，那麼人與人之間基本該遵守的法則便是義務。

所有的生活領域中，權利和義務是並行的。潛水分手的行為，是只想享受權利而不履行義務的自私態度。

第三，「不擅於面對分手的壓迫感」，如果真的無法應付那

種場面，事後向對方真心地說聲抱歉也可以，還是因為覺得對於已經不愛的戀人道歉是一件麻煩事，覺得囉嗦、讓人有壓力而不想這麼做？

還好你跟這種人的戀愛能到此為止，這是多麼幸運的事啊！

恭喜和他／她訣別。就此忘了那個人潛水分手的卑鄙行徑。請記住，你／你只是努力去愛，並沒有做錯任何事。

沒有不受傷的離別，
更沒有無法痊癒的離別

　　人一旦透過經驗熟悉了一件事，遇到類似的情況時，就能不用太費力也踢開障礙、繼續前進。舉例來說，剛開始工作時遇到顧客小小的抱怨就不知所措，但是累積一些經驗後就熟能生巧、應付自如了。

　　但雖說如此，遇到愛情和分手的問題時，我們還是無法適應，這或許反而是幸運也說不定。

　　如果對愛情的結束適應自如、妄自尊大、感覺不到痛楚，這代表對愛情的開始也會變得跛屣。

　　每一次的對象都不會是同一個人，戀愛的性質也不盡相同，分手的方式也都各有異。但有一件事情是一樣的，那就是每一次分手後，總是受傷而且心力交瘁。

　　韓國詩人奇亨度在他的詩〈空屋〉中，將分手的痛苦比喻為失明的悲傷。因為看不見、只能嗑嗑碰碰地摸索著方向，將可憐的摯愛囚禁在空屋裡後離開，引喻愛情的結束。

　　結束一段愛情之後，我們會覺得再也不是從前的自己，像是被分裂成從前的我與後來的我，回憶中的人生和情感像是被銳

利地切斷了一角，心裡發冷和空虛的感覺，令人不知所措。

　　一旦失戀，需要面對的是各種複雜的情緒階段。美國精神科醫師同時也是死亡與臨終方面的國際權威伊莉莎白・庫伯勒─羅絲（Elisabeth Kübler-Ross）提出討論自己接受死亡的著名理論〈哀傷的五個階段〉（〈Five Stages of Grief〉），這套理論同樣適用於正面臨分手之苦的我們，因為與戀人的分手，如同意味著過去的我已死。

・第一階段 否認（denial）
「怎麼可能真的想分手？不會的。一定是有什麼苦衷才會這樣的」不願意接受即將分手的事實。

・第二階段 憤怒（anger）
「不是說好要永遠愛我嗎？現在怎麼可以這樣？」「我對你這麼好，怎麼可以愛上別人？」對戀人發洩憤怒。

・第三階段 談判（bargaining）
「我會努力的，請回到我的身邊。」明知分手無可避免，但仍然抱著希望，認為只要努力，就能挽回對方的心。

・第四階段 沮喪（depression）

　無奈接受不管多努力，最終對方是不可能回心轉意的結局，了解愛情已經徹底結束，陷入深深的失落與悲傷，可能會把自己關在家裡或藉酒澆愁，麻痺痛苦的心情。

・第五階段 接納（acceptance）

　「我和那個人的緣分就只能到這裡了啊……」最終願意接受分手的事實。

　儘管哀傷的五個階段是這樣分類，但承受分手的形態還是因人而異。

　有些人會否認戀人已經離自己而去，又或把自己困在憤怒階段。常見社會新聞裡極端的情殺事件，犯人正是過不了這個階段的人。

　有些人是在憤怒和談判之間無法克制自己，也有人是意外地迅速進入接納階段。

　但即使是在這個階段，一旦突然陷入某個狀況，還是會回到前一個階段的某一個點，再度承受煎熬並經歷哀悼的過程。

　失戀之所以和死亡相似，是因為一旦失戀，其自尊心會受到無比的損傷。

　在愛情裡，我們可以從戀人身上得到對自己的正面回應，戀

人會不斷的讓我們知道「我是有魅力的存在、是值得被愛的存在」。相反的，失戀是戀人否定我的重大事件。

那麼，要怎麼做才能走出情傷？我們必須先充分承受失戀帶來的情緒，把對對方的憤怒和悲傷充分表現出來，所以才會找朋友吐露關於戀人的種種，把自己的情緒宣洩出來。

此外，也要給自己充分感受悲傷和內心掙扎的時間，最後才能從容接受發生在身上的事。痛苦的時刻過後，才會有餘裕回頭看看自己。

當終於掙脫失戀的痛楚，我們會發現自己的成長。對於別人的失戀之痛，此時的我們已經有能力感同身受。

透過失戀，我們會變得更成熟，人生能因而更寬廣，對他人也會多一份認同。

只是如果可以，但願那是我的能力足以承受的悲傷，但願不會是太過痛楚的分離，但願不會是讓對他人和這個世界不信任的種子在我的心底萌芽的痛楚。

獨自一人的夜晚特別漫長，

是因為愛的深刻。

．

The reason that night is so deep is

because you loved so deeply.

分手後想要復合的念頭

在我周遭的人中，有習慣性分手再復合的情侶。當我聽完他們的傾訴後，就發現每次分手的理由其實都大同小異，像是沒有常常打電話，三天兩頭跟朋友喝酒到天亮，習慣性的腳踏兩條船，覺得沒有想像中那樣包容自己等，各有各的理由。

那些基於某種原因分手的情侶，復合之後還是會以相同的原因再度分手。

人並不是那麼輕易就能改變的存在，對方是如此，自己也是一樣。

人都有像指紋一樣固定的行為模式，比如喜歡某些類型的食物，有壓力時也有一定的行為模式。解讀某種情況的思考模式或更深至價值觀也都有不變的模式，心理學上稱之為「自動化思維」（automatic thoughts）。

自動化思維會呈現在這個人獨具的個性方面。不過，當我們喜歡上某人時，有時會視情況，試著「努力」打破固有的模式。

如果對方是古典樂迷，自己明明不喜歡，還是會勉強聽古典樂；或打從骨子裡是宅宅，但為了迎合喜歡旅行的另一半，就

特別去收集適合情侶的五大推薦旅行行程；儘管無法理解為什麼可以花幾個鐘頭逛百貨公司，但仍然努力地幫女友拎著大包小包到處逛⋯⋯

這是因為偉大的愛情賜予力量，寧可放棄自己的模式來迎合對方，是多麼偉大且神奇的事啊，居然能叫肉食動物去吃草、要草食動物去吃肉。

只是最終，人類還是會回歸到原來的自己，回到自己的慣有模式是必然的。這個問題會在網站上占最多的諮詢量，正是基於這個原因。

「男友變了」

「婚後老婆就變了」

試圖找回與對方最初相遇的模式卻不得其門而入的情況下，苦惱地想著，為什麼這個人變了、愛情變了。

請看正解。並不是對方變心了，而是他／她只是做回原本的自己了。過了剛開始戀愛的蜜月期後，覺得沒必要繼續破壞自己的原則去迎合對方，或懶得繼續努力了，這樣的他／她才是未來要與你共處的身影。

無法理解這種過程的情侶，往往會因為敵不過內心的糾葛而分開，然後當某一方主動道歉、彼此釋懷後，就又重新在一起。

只是基於同樣的問題，還是會爭吵，分手再復合的模式不停上演後，周遭人們的反應也會開始麻木。

「他們又開始了」「反正很快又會沒事了」，像這樣冷淡地看著情侶上演分分合合的鬧劇。

關於分手，我們的確需要深思熟慮，而分手後不要再回頭也是對的。和一個人經歷過分手，代表兩人之間存在某種失衡的問題，日後兩人的關係也會因為這個問題而失衡。儘管相愛，就算只有某一個問題，這個問題還是會無止盡地折磨彼此。

這個問題不見得是什麼大問題，而是令人意外的，可能只是一個小問題。我就聽過一對螢幕情侶是因為整理的習慣或家裡的整潔問題而分手。

遇到大問題時，很多時候人會啟動理性，冷靜尋求解決方案，所以很多人在得知另一半罹患癌症後，也會一直照顧到最後。

然而處理小問題時啟動的卻不是理性，而是感性。會讓人覺得受到委屈，並引發厭惡對方的負面情緒。但我們都有些誤解了這些小問題，認為對方應該會改變，或者自己能夠忍受。

聽過希臘神話中，戀人奧菲斯和尤麗狄斯的故事嗎？尤麗狄斯在出遊時被草叢裡的毒蛇咬死，於是極度悲傷的奧菲斯前往冥界，在冥王黑帝斯面前唱了一首哀傷的歌曲。

冷酷的黑帝斯被悲傷的歌聲所打動，便允許了奧菲斯讓尤麗狄斯復活的祈求。但是黑帝斯提出了一個條件，那就是要求他們在走出冥府前，絕對不能回頭看。

奧菲斯喜悅地帶著尤麗狄斯奔向冥界的出口，就在快到出口之際，奧菲斯忍不住想看一眼尤麗狄斯的衝動，回頭的那一瞬間，尤麗狄斯被一股強大的力量帶回冥府，而奧菲斯也不再有機會將尤麗狄斯帶離開冥界。

從表面上看來，神話給我們的啟示是奧菲斯對尤麗狄斯的深情。不過真正的含意，是奧菲斯對死去的妻子無法忘懷，闖入冥界，試圖讓妻子復活但最後還是失敗的故事。

說到底，過去是無去挽回的。當愛情結束了，就該讓一切成為過去。眷戀未完成的愛情，試圖重新開始彼此關係的念頭，無疑是再一次把腳踏進艱難的過往，就像是主動跳進反覆記號的循環。

你明知一切已成定局，請不要眷戀已經落幕的愛情，因為他和你的緣分只能到這裡。

「我還能遇見這樣的愛情嗎？」

「我還能遇見這樣的愛情嗎？」

前陣子來門診的天空小姐這樣問我，她說愛得太深，沒有絲毫猶豫，全心全意投入的愛情，破碎了。

我以輕鬆的語氣告她：「不能，不可能再有這樣的愛情了。不過，你會遇見不同的人，談一場不一樣的戀愛。」

曾經提到我們在戀愛時，總會不自覺的把「積極幻想」（positive romantic illusion）套用在對方身上，簡單的說，就是把戀人想像得比真實的他／她還要美好。不管別人說什麼，我的另一半就是最好的。

這種積極幻想不一定只能套用在對方身上，也常被套用在愛情方面。尤其是將情感投注在對方身上時，這樣的幻想就會被放大，認為這份愛是世紀最偉大的愛情。若對象換作其他人，就不可能再有這樣的愛情了。

這種幻想其實與對方無關，完全是自己一個人陷在幻想裡。這樣並沒有什麼不好，反而能為生活注入新的活力，讓人覺得自己好像變成了勇士，無所畏懼，對愛情和對對方的幻想不停

滋長的同時，我們也充滿了幸福和喜樂。

問題是當愛情破滅時，我們卻還陷在幻想裡面。問題在於因為好像也是在否定自己，所以不願意否定偉大愛情的情節，於是力圖保住這獨一無二愛情的破滅時，悲慘主角的面子，如此才能為自己的愛情賦予正當性。也正因如此，打破幻想、正視事實，是一件非常痛苦的事情。

事實是我的愛情不是永恆的愛情，我愛過的戀人原來並沒有那麼好。他並沒有像我愛他那麼愛我。最終必須承認對方並不是自己的靈魂伴侶，最多只能算是彼此留下回憶的情侶關係，這樣的事實當然難以接受。

不過，很神奇的是，儘管曾經那麼煎熬那麼痛，愛情還是會回到我們身邊。這一次，也許我們沒有那麼容易陷入幻想了。

可能不會再對對方那麼投入了，也許學會了以世俗的標準去衡量對方，卻也可能因此認為新的對象不會是真愛。

但一段新的愛情，可能會以不一樣的面貌帶領你成長。如果以前總是疏忽自己，凡事以對方為主，那麼新的戀人可能會是支持你的本性，或在工作上督促你成長的成熟愛情。

曾經歷過以為對對方完全地投入就是愛情的慘淡歲月，這一次或許能明白，世界上有一種，即便兩人不太有交集，但會在各自的領域為彼此應援的愛情。而且，也許還能發現對方為你

投入的身影，其實也很有魅力。

當我們有所成長，愛情的關係也會隨著一起成長。延續同一種愛情關係，意味著自己也沒有多大的進步。

我告訴天空小姐，她會遇見不同的人，談一場不一樣的戀愛，現在各位是否也同意呢？

我想補充一點。每一個來到你身邊的愛情都帶著不同的意義，當你領會其中含意時，那便是真愛。

不顧曾經受過的傷，
重新奔向愛情的理由

　　根據媒體與傳播研究學者珍妮特‧莫瑞（Janet Murray）的研究，長久以來，人們渴望擺脫一成不變的日常生活，進入有趣的故事當中，因此許多畫作、音樂、電影和小說裡描述的愛情故事總是令我們為之嚮往。

　　有時還會太投入其中，像是看完以悲劇收場的情感戲後，一整天都沒有辦法集中精神工作。

　　「為什麼他們一定要分手、不能相愛？」或看完別人以過人的洞察力分析的劇情後，驚嘆的說：「原來還有這麼深奧的含意啊！」

　　這樣的人可說是「戲劇人」（Homo dramacus），在現實中夾雜著幻想，窺看別人的人生來間接體驗，就已經很幸福了。

　　不過，有時我們也會積極地完成屬於自己的劇情，而非狂熱於窺看別人的人生，那就是談戀愛。

　　有戀愛經驗的人都懂，好像被什麼迷惑著、完全看不見周遭事物，只專注於某個人的情形。和心愛的人膩在一起時，覺得時間過得飛快、甚至像是時空扭曲的感覺。

周遭一切的雜念和障礙物都彷彿被切斷，所有的注意力都放在某個人身上，我們稱之為「心流」（flow）。

　　心流屬正向心理學，是知名學者、心理專家米哈里・契克森米哈伊（Mihaly Csikszentmihalyi）的著名理論。

　　他發現音樂家、藝術家、運動選手在從事作業或練習時會進入投入狀態，便對此進行研究。

　　他說：「心流是意識充斥體驗的一種狀態，此時各種體驗交互融合，感受的、看見的、思考的全都融合為一。」

　　沉浸在這個狀態下，會呈現不同於日常、相當獨特的心理特徵。像是強烈專注於正在進行的工作，由於注意力完全投注在進行中的工作上，對於以外的活動認知會明顯降低。而且這種專注力並非靠努力，而是根據興趣和樂趣，自發性的產生。

　　容易進入心流狀態的人在個性上有其特性，他們積極、熱情、自律又獨立，不會過於執著於他人的目光、評價或結果，而是享受心流的過程本身。比如著名的藝術家或體育明星，幾乎沒有人是為了金錢和名聲而勉強從事不喜歡的工作。

　　重要的是，心流的體驗能使我們熱愛並主導人生，讓你感受到自己是有價值的存在。你的生活會因而充滿意義、富足與強而有力的感受。

　　心流簡而言之，就是你與另一個世界連結的體驗。鋼琴家在演奏某個作曲家的作品時，隨著旋律搖頭晃腦；歌手在演唱會

上閉上眼睛，沉浸在情緒裡……這就是鋼琴家和歌手在演出時，與作曲家的作品中偉大的藝術涵意與價值產生連結。

有時聽到某一首歌，我們也會把情感帶進歌曲當中，彷彿自己就是歌詞裡訴說故事的人，陶醉其中。

心流體驗可能發生在人類的所有行為上。欣賞美麗的藝術作品時，從事喜歡的活動或參加明星的粉絲活動時，我們都在經驗心流體驗。

心流是你和某件事物（畫作、音樂或文學）在一剎那間，以同一個高度平行交流。

此時，你可以放下世上所有的煩憂，此時家財萬貫的富二代還是擁有絕世美貌的名人也不值得你羨慕，這樣的境界，不正是我們的人生中最幸福且意義非凡的時刻嗎？

我們在經歷了心靈的痛楚後，依然尋覓愛情最好的理由，正是因為這偉大的心流也適用於人類。假使因為害怕受傷害和悲傷而不願意去愛的話，恐怕就無法體驗這種幸福了。

或許過去和別人的含淚分手，是為了與現在這個人的幸福而必須付出的代價。我們不必害怕愛情帶來的傷痛，這些都是為了讓自己得到幸福。

那些背負著傷痛的蹣跚步履，

是為了更幸福而努力的時刻。

·

Every painful step was actually a time to be happier.

分手後，
在前任心中留下美好形象的方法

　　李民基和金敏喜在二〇一三年主演的《戀愛的溫度》，是滿有趣的一部電影。

　　他們在秘密交往三年的辦公室戀情後分手，因為心有不甘而惡整對方，故意弄壞交往時向對方借來的東西，再以貨到付運費的方式寄還對方。或解除情侶優惠帳戶（針對情侶的優惠方案）前，上網瘋狂購物、讓對方付費。得知對方有了新戀情，便開始追蹤對方的社群，甚至是尾隨跟蹤。

　　整個看電影的過程裡，我心裡想的，是人類居然能卑鄙到這種程度。電影裡描述的分手過程，換成任何一對情侶都不可能保持美好形象。這是雙方都急於從對方身上收回能量的過程，內心的煎熬和心有不甘自然都不在話下，還要承受對方的能量從身上被抽離的空虛感。

　　這裡指的能量，是過去兩人之間的關心、愛情、共度的時光以及回憶，比如每天固定通電話的習慣等。彼此曾經共享的能量越多，分手時就會更煎熬，情感更難以收回。

　　電影中的主角也是如此，在一起時愛得死去活來，分手時卻

齜牙裂嘴，藉酒精麻痺對對方的思念，流露真情才發現彼此都還愛著對方，於是決定再重新來過。

然而兩人都變得太過小心翼翼、凡事看對方的臉色行事，一場艱難的內心整頓還是無可避免。

我們都至少有過一次窺看前任社群的經驗。一個人關在房裡看 YouTube 時，自動推薦跳出以前很喜歡的一首情歌，聽著聽著開始發狂似地想念前任，於是躲進棉被裡嚎啕大哭；趁著酒意撥打已經好幾個月沒有打的電話號碼，隔天醒來猛地踢開棉被，急忙拿起手機刪除所有合影，藉此整頓自己的內心……

像這樣在分手的過程中，不分你我，大家都可能做出不得體的行為。所有的過程都不能在瞬間完成，所以我們才會需要多一些時間，試著一個一個將對方的影子從生命中驅逐出境。

時間就是良藥的老生常談，至今還是有它深遠的涵義。

有一次，來看診的海洋小姐這麼說：「我的第一任男友是一個非常好的人，他對我很好，工作上也很努力。當時我認為他做這些事都是應該的，所以只要稍微不合我意，我就向他抱怨。

對於這樣的我感到無能為力的男友就這樣鬆開了手，我才驚覺一切都太遲了。我試著挽回了很多次，但男友還是毅然決然地離開了我。

後來我又談了幾次戀愛，只是再也沒有人像他那樣愛我、對

我好。前陣子我輾轉從別人那裡聽說他要結婚了，我真不知道該怎麼形容自己的心情。大概是一陣酸楚，然後覺得這次是真的結束了。不過，我是真的希望他過得幸福快樂。」

這是一場沒有太多的牽絆，俐落切斷過去戀愛史的整頓，只是她的戀愛及分手過程應該也免不了卑鄙、艱難跟心痛。

前任因為分手的過程乾淨俐落，在海洋小姐心底留下了美好的印象。他冷酷地對待她，讓她明白，他再也不願意愛她這樣一個自私的人，這讓她難過。

對於懺悔的她不願給予機會，但在交往時，他是那麼的包容她、呵護她的一個男人。於是海洋小姐決定，將自己在二十多歲時，以沒有任何算計，用純粹的心熱烈愛過的美好的戀人形象，將這個男人深藏在記憶裡。

如果你希望分手後在前任心中留下美好的形象，那麼交往時，請你真誠地盡力去愛。把戀人視為世界獨一無二的珍寶，每個瞬間都全力以赴的去愛。

一如海洋小姐在事隔多年後，還能覺得再也不曾有人像他那樣的愛過自己，是值得由衷感謝的人那樣，讓你的前任也能如此想起你。

戀愛時，我們是自己情感戲的主角，自己擬劇本、自己主演卻是以分手收場的結局，任誰都會覺得辛苦和脆弱。一天不下

數次想著：「他應該會回心轉意吧？有可能復合吧？」情感的浪潮像海水般不斷的漲退。

如果能夠以寬容的心看待戀人在整頓情感期間脆弱的過程，是否一切就能好一點？

此外，也請不要責怪自己一時沒能忍住的軟弱行為。完成情感整頓的某一個時間點，雖然這一次的情感戲是以悲劇收尾，但同時也是以嶄新的啟程結束。

我們的緣分雖然只能到此為止，但當時的愛情是真的，相愛時更是毫不保留的愛過，也幸福過。

很久的以後，當兩人不期而遇，也許還能在剎那間的眼神交會中給予無聲的問候，然後擦肩而過。但願即便結束，我們還是會在心底彼此感謝、心懷歉意，並默默祝福對方幸福快樂的那種關係。

金敏喜的台詞在我的心裡餘韻猶存。

「我們的戀愛沒有充滿甜蜜、美好或驚喜，只能算是沒什麼特別、很普通的一場戀愛。但是，我們都是付出了真心的，真的深愛過。我想，這應該是我的人生中，再也不可能發生的，像電影情節般的愛情了。」

分手後希望還是朋友，這樣很貪心嗎？

　　是的，這是貪心。或許是看過太多太平洋另一頭，好萊塢明星們跟分手的前任像朋友一樣，還會在彼此的社群留言這類的娛樂新聞，讓我們也認為分手後，應該還是可以當朋友。

　　和某個人成為情侶關係，意味著兩人將一起再次體驗小時候受到媽媽無條件、無限關愛那樣，深具意義的歷史。

　　「你今天午餐吃了什麼？」「昨天你好像有一點感冒的樣子，今天還好嗎？」「最近在忙公司的專案，晚餐有按時吃嗎？」「回到家休息時，你都聽什麼樣的音樂？你是那個歌手的粉絲嗎？」其他人都不曾如此關心過我，但是戀人卻連這些小事都很在意。自從長大以後，連媽媽都沒有關心過這些事。哇！這真是一件神奇的事！

　　我們會從戀人身上，像這樣接收到無止盡給予肯定的訊息，讓我們覺得「我是值得被愛、有魅力、很不錯的人」。

　　接收這樣的訊息能使我們提升自我存在的價值，自尊心也會增強，這就是戀愛之所以能使我們感受到幸福的原因。

　　然而一旦戀愛粉碎，尤其如果不是自己的意思，而是對方單

方面的決定而導致失戀時，對自己的肯定會轉變為否定。

「我是不值得被愛、欠缺魅力、很糟糕的人」，會像這樣自尊心受到傷害。原本是戀人的兩人像是坐在談判桌的兩端，成熟地按照程序開出你的條件、我的條件，「我們的想法差距太大，這次的案子不適合合作，就到這裡分道揚鑣吧」，這種理性的場面基本上是不太可能發生。

倒是可以見到交往許久的情侶承認愛情逝去便同意分手，在不情願的戀情中，藉著酩酊大醉吐露真話，然後成熟地切斷並整理兩人關係。

不過多數的情形是兩人的心態和作風並不一致，單方面提分手、另一方被告知，這樣的分手方式占了大部分，被告知的一方因而自尊心受到傷害。

「沒有傷害的分手」從一開始就不可能，而分手後變成朋友有什麼意義？我倒是見過被分手的一方期待對方回心轉意，因而表面上把對方當朋友的情形。只是對於已經走遠的人，儘管再喜歡，都不可能找回最初那個讓自己怦然心動的理想魅力。

認為可以繼續當朋友的想法，只不過是對不可能的事心存眷戀。另外，我認識的情侶中，明明兩人之間燃燒著熊熊愛火，卻因為家人的反對而不得不分開。

不論是談戀愛還是結婚，如果是基於父母的反對而結束，一

樣不算是緣分，只能說他們的愛情力量不足以克服艱難的條件或現實問題，彼此也沒有足夠的意志去一起度過眼前的難關。更何況，這種情況下彼此之間還有濃烈的情感，想要以朋友關係相處是不可能的。

魚與熊掌不可兼得。要變成所謂「異性朋友」，一開始就只能是單純的友誼，一開始就不能有愛情的成分。

如果只是單戀，想當朋友還不無可能；可是一旦透過戀愛，冠上戀人之名的那一刻，彼此之間不但會產生複雜微妙的戀愛史，經歷了這段歷史的分裂後，要想回到友情是不可能的事。

退兩步來說，如果是在情竇初開的少年時，談一場像作家黃順元的小說《驟雨》裡那種單純的初戀，那麼事後想要變成朋友關係，我想是可行的。

但曾有過的戀情是情感的交織，甚至於是更深入的關係，極可能是你連最私密的部分也曾毫無保留、全心付出的那種戀情，分手後想把對方留在身邊當朋友的貪念，就像是小孩子想要兩手都抓滿東西、捨不得放手。

認為提出分手的對方似乎還有轉圜餘地，其實也是自己的想像，因為對方的心態應該是更接近愛情熄滅了、再也不覺得你可愛而想要分手。

想愛，但是不想受傷害

「我的愛情會直到永遠」，這大概是所有相愛情侶的信念。如果運氣好，這個信念可以是一輩子；但也有可能會經歷這個信念的破碎。

可能是心愛的戀人讓你失戀了，或者最糟的情況，是在戀愛的過程中，突然發現對方腳踏兩條船；或是比較特別，是因為對這個人的心意不再像以前，所以提出分手。

於是我們懂了，覺得愛情可以直到永遠，不過是現在在一起的這個瞬間的念頭罷了。任何一方變心、先放開對方的手，是開始對兩人的關係正式採取分手的順序，然後這份愛終將成為過去，我們會再遇見新的對象，編織新的永遠。

但若結束的愛情並沒有成為過去，有時就會不斷的再三回憶與前任的種種。尤其是分手的過程中若深受傷害，我們會無法放開這段關係，總把痛苦的記憶不時拉到現在來為難自己。

傷害是什麼？當身體受傷就會流血，我們會消毒傷口、塗上藥膏，一直到長出新生的皮膚前，可能會一直貼著絆創貼。

拿掉絆創貼後，只要沒有明顯的後遺症，我們會漸漸淡忘曾

經有過傷口的事實。問題是受傷的不是身體而是心靈。這無法從外表、用肉眼看見的傷口往往不易察覺，因而後遺症會不時侵擾你的人生。

心靈受到傷害，意味著我那肉眼看不見的「世界觀」破碎了。與戀人訣別的同時，「我的愛情將直到永遠」的世界觀也被打碎了；加上發現戀人腳踏兩條船的背叛時，「雖然愛情熄滅了，但那個人和我是真心相愛」的世界觀也蕩然無存了。

如果戀人對自己的錯誤不但沒有悔意，還厚顏無恥地說：「你本來就不是我的理想型，你不也知道嗎？這次認識的那個人才是我的理想型，所以我想和你分手不行嗎？」像這樣被反咬一口時，會覺得這不是自己熟悉的那個人而深受打擊，因為「雖然他和我的緣分盡了，但作為一個人他並不是壞人」的世界觀也被粉碎了。

當分手的傷痛太深、過程造成太多創傷時，他人和自己的世界觀就會產生扭曲。世界觀的變化會影響到未來，甚而也會對下一段戀愛關係造成影響。

最初的「我是值得被愛的人、我的戀人是真心愛我的、我們的愛情一定會直到永遠」的世界觀，會轉變成「我不是一個值得被愛的人、這個世上到處都是混蛋」這種憤世嫉俗的世界觀。

不過，轉變的世界觀不一定都是不好的。人生中，基於保護

自己的前提，我們會不斷地打破既有的世界觀並加以修正，然後再建立嶄新的世界觀。尤其是在戀愛關係上，如果世界觀無法轉換，受到傷害的同時，還是會不自覺地持續與糟糕的異性在一起。明知沒有意義，卻無法擺脫一次性的短暫相遇。

無法從與異性的關係中有所成長，一再重複相同模式的人，正是因為無法修正自己的世界觀，或根本還沒有建立世界觀本身的緣故。

現在這個當下，因為分手的苦楚和傷痛，對異性憤恨難平是理所當然的，這個世界本來就不可能盡如人意。只要日後如果遇見真心愛你的真摯戀人時，世界觀就會自動被修正：「世界上還是有不錯的人嘛」「這個人才是真心愛我的」「應該可以放心地愛了」。

問題是刻板的世界觀。被傷害過一次就發誓再也不去愛人，然後緊緊鎖上心門的人不禁叫人心疼，究竟被傷得有多深才會如此？不過，不只是和戀人的關係，對世間事也抱持這種刻板的世界觀，就是意味著不願意包容、理解這個世界，同時也代表著被過去的那個時間點綑綁、絕對不願意成長的自己。

如果你也有因過去的傷害所造成的，憤世嫉俗又僵化的世界觀，能不能試著讓自己變得柔軟一些呢？因為你已經不是過去的那個你，日後與你相遇的人，也不會是過去的那個人。

CHAPTER

5

戀人的
條件

Terms of Love

·

熱戀中容易忽略的
最重要的事

愛情可以有條件嗎？

　　有朋友透過婚友介紹所找對象，約見面的對象超過了十位，卻實在不知道到底該注意對方哪些條件。

　　不只是結婚對象，戀愛對象我們也會看條件：身高、外貌、年薪，穿著夠不夠品味，甚至還要看政治觀和宗教信仰是否適合。另外，該說是彼此的代號？有些人很重視感性代號或幽默代號。只是即便從這些條件中找到匹配的人，也不能代表你一定就會愛上這個人。

　　事實上，兩人的結合要先經過「戀情」的階段，說起來歷史不算太久遠。

　　西方社會是在十八、十九世紀的浪漫主義萌芽時期。中產階級的男女開始經由愛情互相結合，在這之前，階級與階級、家族與家族之間的策略性結婚是主要的文化。

　　浪漫主義重視人類的直覺與情感，強調自由與熱情、個性與自我解放，也主張自由戀愛。實際上，戀愛結婚的形式在社會是到了二十世紀末才開始興起的文化，形成時間並不久。

　　但有趣的是，戀愛自由的今天，不知為何，我們卻反而在意交往對象的條件。人類有了可以自行選擇戀愛對象的權益，實

際上卻回到資本主義之前，歐洲封建主義社會缺乏選擇性的環境下才會做的選擇。

我的意思並不是說條件不重要，因為一個人的條件也是他的整體性之一。但我認為既然要看條件，何不去評估較為根源性的問題？

偶然間投資股市賺了一大筆，但是如果工作上缺乏韌性又懶惰，就會守不住財富。父母幫忙在蛋黃區買了一棟房子，結果從此開始干涉兒子媳婦的生活大小事；認識了一個條件不錯的男人，結果令人意外的，是一個媽寶等。

有人是現階段雖然沒什麼資產，但是頭腦聰明，工作上也能吃苦耐勞，看上去前途一片光明；也有人是外貌出眾、穿著打扮也有品味，結果對你的穿著品味百般挑剔。因此看對象，我們不只要看外在條件，還要仔細的篩選內在條件。

天生的個性或智商大部分很難有所改變，這是我們要先有所認知的。除了分辨可能改變和無法改變的部分，兩人在一起能否克服生活中的糾葛，同樣也是必須考慮的問題。

因此篩選條件時，應該先評估的是自己而不是對方。如果你是重視金錢的人，就必須著眼於對方的財力；如果宗教對你的人生有莫大的意義，那麼選擇一個信奉同樣宗教、具備同樣的信仰水準的人日後才不會後悔；如果你是獨立且有著自由靈魂的人，選擇一個願意理解包容這一點的人會比較理想。

請先認清楚你人生中的最優先價值。在什麼情況下會覺得幸福？喜歡什麼？在什麼部分樂於投入最多時間？相反的，什麼情況會讓你覺得不幸？什麼會令你厭惡到無法忍受的程度？**審視自己、看清楚自己，才能選到適合的人，才能比任何人都能夠活出自我並獲得幸福。**

　　因此我認為懂得講求條件的年輕未婚男女都很明智，在我看來，那是他們不願意將就自己的人生，試圖努力生活的表現。

　　而且，從他們的身上能感受到「我只做最好的選擇」的一股傲氣。其他通常大家看的是外在條件，其實除了外在條件，也要積極的找出內在條件。

　　對方和你能否看著同一個人生方向？宗教與信仰上是不是同一種人？你是不是真的愛這個人？即便遭遇苦難，也願意一同克服？這些都要用心去考量。

　　如果只看外在條件，反而容易。比如十個條件中，如果有八個左右通過馬其諾防線就算合格，不及格條件的少於二個也算過關。

　　然而，在這世上要匹配內在真的很難。是不是跟你一樣有幽默感？彼此能否聊得來？能否包容他人？有沒有同理心？正因為如此，我們把合得來的戀人稱為「靈魂伴侶」。請積極地約會、積極地戀愛、積極地篩選，這是為了你和他在兩人世界找到幸福的未來。

我們忽略的好戀人條件

對小凌小姐來說，他是「丁海寅」那種類型，外貌。能力以及家世沒有一樣可挑剔，以至於讓她覺得自己很渺小。

和這樣的人成為戀人已有一段時日，但是小凌小姐仍有種說不上來的彆扭。情況嚴重時，她會覺得對方像個老師或嚴厲的職場上司。

和前男友在一起時，如果在公司遇到難過的事，對方會聽她盡情說上司的壞話，讓她覺得自己不是在無理取鬧，發洩完心情就會平靜下來；可是和現任男友卻完全無法做到這一點。

我想很多人跟小凌小姐一樣，因為和對方外在條件的差距而關係緊張。不過，小凌小姐和她的丁海寅先生的問題並不在表面的外在條件，而是兩個人在玩樂（play）和娛樂（amusement）方面的程度落差。

若是契合，那麼不管是娛樂、藝文或興趣活動時，「太有趣了，下次再一起吧？」很自然地會想要結伴一起去。契合的兩人能夠隨時投入，如入無我的境界。

孩子時期，整天都在忙著找有趣的事物玩耍，每個瞬間都能

全神灌注，常常無心顧及周圍的情況，也容易錯過吃飯時間。而成年人的我們偶爾玩電腦遊戲、看網路漫畫、電影時，就像是回到孩童狀態，享受當下，所以人類又稱「遊戲人（Homo Ludens）」，而樂於一起享受這種樂趣的人，就叫做「朋友」。

戀人是兩人之間特殊的朋友關係。戀人是一起體驗快樂的同時，共享超越快樂的價值觀與人生觀、宗教等想法，進而拓展認同感的範疇。

即使外在條件不夠契合，只要玩樂文化能相通，就可能成為朋友、成為戀人。相反的，即使外在條件契合，但是玩樂文化不一樣的情況下，彼此的關係也會較難以深入。有一方是大人而另一方是小孩的兩人如果玩在一起，很難成為真心快樂和幸福的關係。

在我還是單身時，聽到美國女性挑選戀人最重視的條件是「幽默」，那時我感到相當訝異。

現今的韓國婚姻介紹所或其他類似的問卷，內容千篇一律，不外乎都是關於外貌、個性、能力方面的問題。即便是個性方面，也沒有和幽默有關的問題。

但是否待人和善、自我中心、內向還是外向，大部分都是這方面的問題。

事實上，每個人玩樂或遊戲的性向會表現在「幽默感」方面。

幽默感來自於我看待這個世界的世界觀，也就是在如何解讀負面事件方面，本人的正向本質程度因人而異。

前陣子，我的父親被診斷出胃癌。父親的反應居然是「蛤，為什麼是胃癌？以我抽菸的習慣應該是肺癌啊。我已經把肺癌當作是我人生最後一個規畫了呀，老天無情啊！」到他這麼說，所有家人在凝重的氣氛中，也忍不住笑了出來。

聽到這種事，可能有人會跟我一樣覺得好笑，但應該也有人會覺得不妥，認為不該用這麼輕蔑的態度笑看生死。因此，彼此了解這種幽默感並享受箇中樂趣的戀人之間，能得到更多只有你我的樂趣和幸福，這就是戀人關係才有的默契。

可能也有人像小凌小姐一樣，覺得和戀人相處時並不自在，覺得和他的約會不再有趣，聊天時也話不投機，這種情況下，不免開始去想高中畢業的自己和大學畢業的他，是否在知識水準上落差太大？我是平凡的上班族，而他是前景看好的專業人士，是否因而造成兩人之間互相理解上的阻礙等問題。

人一旦遇到問題，就會想要尋求答案，直覺地認定眼前的外在因素就是原因時便感到安心。

因為找到了不安的原因，明白再也不需要擔心了，但接下來就是開始煩惱自己是否合乎對方的水準，甚至於也會浮現分手的念頭。

但是，事實上兩人相遇、成為戀人，以及變成真正相愛的關係上，比起外在的問題，更重要的是取決於彼此有多合得來。

　我曾經想撮合一對條件看來完全是天作之合的男女認識，可是得到的回應居然是「我們好像不太適合」。

　據了解，原來一方是在遊戲的領域裡只想當夢幻島的彼得潘，另一方則是只想當現實中的溫蒂，而這，不是任何一方願意努力就能跟得上的事。

　在一起時假使玩樂的程度不夠契合，那麼相處時也就感受不到樂趣、不會覺得快樂。與各自的玩樂領域、幽默感的程度相近的人當朋友、成為戀人，彼此才會幸福。

能玩在一起，一起歡笑，

這證明我們是最佳情侶。

·

To play and laugh together means that we are the best match.

對於和他的未來猶豫不決

　　與戀人的愛情穩定的情況下，自然會開始想像兩人的未來。早已不是二十多歲的青澀戀情，如今差不多已屆適婚年齡，有個已經交往兩年的對象，共同的朋友也越來越多，各自見過雙方家長的冬天小姐更是如此。

　　現今的婚姻市場上，女性的年齡仍然是最大的決定因素。而且因為同居文化不像國外那麼自由，所以知道已屆婚齡的女兒有交往多年的男友時，父母十有八九都會催促著趕快結婚。

　　冬天小姐的無奈也正是在此。與戀人相遇時機的重要性並不亞於和誰擁有什麼樣的愛情，假使冬天小姐是大學時期就和男友交往，他們大可不必急著結婚，可能只要忠於當下的每個瞬間就夠了。

　　但現在，他們交往的時機成了棘手的問題，心態上做好結婚準備的冬天小姐與還是社會新鮮人的男友，兩人在社會成熟度上存在著落差。

　　相反的，若是男方已經具備社會成熟度，那麼結婚方面會被視為是一項優勢。

　　以剛踏入社會生活的二十出頭的女性，和已經有穩定工作的

三十多歲男性為例，現在雖然也有雙方一起存錢、以共同記名方式來購屋的情況，但還是有很多是由男方來準備房子。

從進化心理學的觀點來說，從過去便一直存在的女性以美貌交換年輕男性財力的型態，這點至今仍存在於婚姻市場，也是不爭的事實。

如果有像冬天小姐和男友一樣，在社會能力上相遇的時機不對的情侶，取決的鑰匙就握在比較具現實能力的一方。

冬天小姐要有心理準備，兩人的婚姻生活要從小小的套房開始，或去說服父母接納買不起好房子當新婚房子的女婿。

當然，這裡有必須訴求的前提。目前的對象是真愛，而且要確信你不想錯失這份愛情，如此關於時間點的條件上才有克服的可能性。

另外，冬天小姐的父母應該要有所認知的，是男方雖然現在很不起眼，但是三、四年之後也許會很有能力，然後終於成為實至名歸的好女婿，他只是現階段「時機」不對，才配不上自己的女兒。

因此，我想著眼於不對的「時間點」而苦惱，是否其實是當下「我不想有半點吃虧」的自私心在作祟。

韓國的夫妻中，即便帶著對愛情會永遠的確信而結婚，三對裡還是有一對會離婚（台灣的離婚率高居亞洲第二，僅略遜於中國，高於韓國），

何況如果一開始就不確定，還有必要走到結婚的下個階段嗎？只因為交往很久？因為年紀太大、怕找不到下一個人？因為身邊的人都把他和你看作是準夫妻？

各位大概都能立刻聯想到這些無法果斷分手的理由。只是在彼此不夠確信的狀態下開始的婚姻生活，哪怕只是一個小小的糾葛，可能也沒有足夠的正面心態去應付。可能會不斷的數落對方的不是，彼此之間也會慢慢的累積看不見的埋怨。

「條件」「時間點」還是彼此的「愛情」，只要覺得對兩人的未來有半點猶豫，那麼他就不會是你的真命天子。

沒有人能夠預知自身的未來，同樣的也不可能預知戀人的未來。他和你一起促成的、稱之為婚姻的未來是否能幸福，沒有人能知道。不過有一點是可以確定的，那就是夢想著未來的當下，當我們決定攜手走下去，確信未來一定會是幸福的。

同時，若是決定朝結婚的方向走，除了要有欣然接納戀人任何條件的寬容，同時也要有無怨無悔為對方負責的心理準備。這是以愛之名行使的，我們必須承擔的自己的責任。

此生不能錯過的人

　　別人的戀愛似乎都很順利，婚姻美滿、人生順遂，可是我連談個戀愛都困難重重——這時必須思考一個問題，究竟該如何看出這個人是否適合作為自己永遠的伴侶？這是有方法的。

　　和哪種人結婚日後才不會後悔呢？是個性和我相近的人，還是找一個即使性向相反，卻能互補的人呢？

　　看看周遭，有的情侶個性很像，也有的情侶個性截然不同，沒有一定的法則能讓你知道「啊，就是他／她了！」所以只會越想越想不通。

　　從心理學的角度來說，人都是容易被有親和力的人所吸引。我們都是傾向於自己熟悉的事物，對陌生的事物會感到不自在。從這一點來看，人們從小就受到熟悉的原生家庭的影響。

　　有個溫柔體貼、廚藝絕佳的媽媽，兒子的潛意識裡，也會以媽媽的形象有所期待；有個無能、不照顧家庭的父親，女兒也會下定決心，要找一個不同於自己父親，腳踏實地又有能力的人。話雖如此，還是會不自覺被他和父親相像，木訥又粗枝大葉的特質吸引。

我認識的某位患者，因為無法克服對家境貧困和嗜酒父親的自卑心結，很害怕對家境勝過自己的男性敞開心房，結果還是找了一個家庭背景和自己相近、讓她覺得自在的男性談戀愛。

　　所謂熟悉的感覺不一定是跟自己的個性相像，反而更可能是把你和有重要意義的人建立關係的模式，套用在戀人或伴侶身上的意思。

　　當然，這個有意義的人可能是全面支持你，深思熟慮的父母，也有可能是歇斯底里、把你當作情緒垃圾桶的父母。

　　不論是正向還是負面，在原生家庭中，與有意義的人建立關係的模式在日後，尤其是選擇戀人和伴侶時，會產生至關重大的影響。

　　有時正因為這種潛意識的作用，在見到親切的人時，會覺得「就是這個人了！」而陷入錯覺、造成難以彌補的錯誤。**所以在談戀愛時，如果能適時給自己自我審視的機會，就能避免不必要的錯誤。**

　　通常我們交往時，總會被相處起來特別自在的人吸引，可是當兩人交往一段時日、介紹給朋友認識時，有時也會碰到大家都阻止，或不看好的情形。

　　與戀人開始的那一刻起，努力發掘只有你知道的，對方有如寶石般的珍貴特質的過程，正是戀愛刺激的地方，更是必備的

條件。

不過這樣的尋寶遊戲並不是熱戀時,被愛情蒙蔽雙眼的正常反應,而是基於你的自卑情結的投射而來,屬於非正常的蒙蔽。

有一位在家身負長女角色的女性,被迫很早就懂事。她經由某人介紹,和一位因為腳受傷、拄拐杖來赴約的男性見面,剎那間她就驚呼:「就是這個人了!」視對方為真命天子。

但在和看上去很可憐、需要被照顧的他熱戀並結婚後,才發現丈夫原來和只重視自身欲求的父親一樣,是個自私的人。與丈夫的關係中,她還是得繼續扮演過去家庭關係中的角色。

我想再三警醒各位,一定要防備的不是被魅力、也不是被好感蒙蔽的雙眼,而是被看上去永遠令人心疼、可憐的表相,覺得自己一定要幫助這個人的救贖感,以及自己的自卑情結。

那麼,我們該選擇什麼樣的人呢?

當周遭有人提出類似的問題時,我總會告訴他們,找一個情緒的「紋理」相近的人。這裡的「紋理」,指的是線獨特的特性經過縱向、橫向的交織,形成織物後所產生的觸感。

有的衣物是散發出隱隱光澤、柔滑的絲綢,有的是紋路厚實且粗糙的麻布。我認為麻布對麻布、絲綢對絲綢是最佳的配對。

套用在人身上來說,紋理相近意味著情感的相似度比較高。

在你傷心時跟著一起傷心，開心時跟著一起開心，擔心時跟著一起擔心的意思。這種情況下，能使人感受到有人作伴的「心理可見性」（Psychological visibility），讓人不至於感到孤單。

心理可見性是一種自己有人守護的感覺，那個人能理解你的情緒，所以能感受到兩人是站在一起的。

也希望各位不要誤解了個性相近的意思。以前，我看過藝人金惠子的一篇報導，她說：「先生是和我在個性上截然不同、十分穩重的人。他像一座高山，總是積極的支持我的演員工作。」如果要比喻他們兩人的話，我想，就是橙色絲綢和淡米色絲綢的組合吧？

當戀愛接近成熟時，容易讓人誤以為紋理也必定相近。此時的重點，是紋理形成的「時機」。

有人說，看到戀人的指甲裡扎了一根刺會心疼，寧願自己承受疼痛，就像古裝劇《茶母》裡的那句對白：「會疼嗎？我也很疼啊。」

一對漸行漸遠的情侶，是從某個起點開始，形成紋理的時機便悄悄產生了分歧。開始覺得對方的埋怨都是在挑剔，看到手機上的未接來電也不再立刻回撥，更懶得繼續關心對方每天瑣碎的日常……紋理開始分歧的訊號，一個接一個浮現。

在戀人關係中，必須要有人是緯線、有人是經線，兩者交錯、

共同完成織物。如果拿絲綢的緯線和麻布的經線來試圖交織在一起，那麼做出來的東西就會完全不成樣了。

又或者，假使緯線和經線無法在對的時機交錯，變成一條緯線碰上兩條經線等，也無法成為好的織物。

相反的，使用相同材質的緯線和經線，若是連時機也對了，就能做出好的織物了。如果還能加上一點色彩，耀眼的美麗衣裳就誕生了。

不確定「就是這個人了！」的感覺究竟對不對的各位，你的戀人總讓你覺得有一點不對勁、有距離感嗎？或者，他是和你紋理相當，好像隨時都在身邊，令人感到溫馨的人呢？

幸福不婚主義者的四個特徵

　　在精神科診療室，時常會接觸到抱持不婚主義的人，因子女已屆適婚年齡，卻遲遲不結婚而著急的父母；以及因擔心本身不幸的婚姻生活會對子女的婚姻觀造成負面影響而自責的父母。

　　的確是有這種情形。那些說著自己絕對不願意像父母那樣生活的年輕人，他們無法理解為什麼總是在爭吵，卻一直不肯離婚、還繼續一起生活的父母，甚至於爭辯地說絕對不結婚，很滿意一個人的生活。

　　其實，這麼說多少也有點道理。不把結婚這件大事攬上身，只要在經濟、情感方面具備足以負責自己生活的能力，人生就不至於有太大的起伏。安心滿足於至少避免了可能會像父母那樣貿然選擇結婚，結果只得一輩子面對無能為力的人生。

　　但事實上，近來出現在診療室，選擇不婚的不婚主義者理由卻有些不同。

　　與其說是被動的迴避可能的危險，不如說是積極且自發性選擇不婚的人居多，而且這個選擇與父母的婚姻生活幸不幸福完全無關。

「我發現我的個性不適合結婚，因為我重視屬於自己個人的領地。就算是我很愛的人，談戀愛就好，我不會結婚的。」

「除了談戀愛，這個世界還有很多其他有趣的事情啊。我還要繼續收集限量版的公仔，還打算冬天去日本玩滑雪。結婚的話就不能這樣花錢，也不能過這種趣味生活吧？」

「我計畫了一個澳洲工作假期，打算在那裡上咖啡師課程，成為國際級的咖啡師是我的夢想，就像全珠妍（為二〇一九年世界咖啡師大賽冠軍）那樣。想在歐洲或美國拿到咖啡師資格的話，英文要很好才行。我對結婚沒什麼興趣。」

「上傳網路漫畫就已經夠忙了，我根本是在過蜉蝣人生。我是每週一、四上傳到網路上，結束後休息一天去雞啤一下（炸雞配啤酒），然後又得開始為了下一個截稿日忙到昏天暗地，哪有空談戀愛啊。第一季結束之後，我打算暫時關閉網站休息兩個月。」

說這些話的積極的不婚主義者都有幾個特性。

第一，很了解自己。圓滿的婚姻生活需要的是什麼，是真的在包容所愛的人或只是例行性的犧牲，他們不願意上一艘不知開往何處的船，很清楚自己的傾向。

第二，他們掌握著一個個比結婚更有魅力的人生課題。工作、興趣或義工活動等，努力在自己認為有價值的路上邁進。

他們確實是沒有在權衡結婚和那些吸引他們的人生課題，而是只想要全力以赴的生活。雖然每當周遭的人不時提起，自己不免也會跟著想一下，但結果發現，「啊？做這件事明明比結婚更有趣啊？更好啊？更有成就感啊？」然後在自問中更加確信自己是不婚主義者。

第三，不太在意他人的目光。這裡最重要的他人也可能是替自己擔憂未來的父母。年輕還可以這樣過日子，等到年紀漸長，連可以幫忙抓背的人都沒有，怎能不會孤單？

等到再也沒有賺錢能力時，不知道有沒有老公或孩子可以依靠，父母的擔心其實是可以理解。只是，積極的不婚主義者心裡都明白。

父母不是我、父母的世界也不是我想要的世界。即便沒有未來學學者湯瑪斯・傅萊（Thomas Frey）說的，二十年後，現在所有的職業有一半以上將消失的言論，終生職場的概念日趨勢微，以及 YouTuber 成為令人稱羨的職業等，現今的職場世界，就已經與父母的世代大不相同了。

不婚主義者還得面對社會偏見的目光。

尤其是社會上諸如「三十多歲就應該要結婚，才不會被人叫做剩男、剩女」「新婚夫妻至少要住得起二十多坪的房子」這些「應該要怎麼樣」的課題，還得加上沒能跟上這些要求時，被視為落伍者的極權主義文化。

積極、自發性的不婚主義者很懂得輕巧地避開這種旁人的目光。

　　第四，比起在意對未來的不安，他們寧可專注於努力的過好今天。他們都明白一件事，全力以赴的今天將是沒有悔恨的過去，以及今天的累積會打造出想要的未來。

　　其實比起眼前，父母更擔心的其實是未來，這就好像為了健康，無關乎口感，就是要你吃有機蔬菜。

　　只是，積極的不婚主義者更深知有人喜歡蔬菜，但也有人更愛魚肉或喜歡酸甜的水果，且十分懂得尊重這種多元性，所以不願意放棄自身的個別性。

　　因此，對於積極、自覺、善於選擇的不婚主義者，我沒有什麼更好的建議，因為他們的幸福已經足夠了。

　　而且不同於別人對未來的擔憂，他們並不害怕未來。像個不為世界與他人的文化所屈服，勇於捍衛自己的小小戰士，更同時具備了為自己的人生負責的成熟心智。

　　如果說消極的不婚主義者是被「絕對不結婚」的僵持想法所束縛，那麼從積極的不婚主義者身上，我們看見的是「結婚並不是第一順位」的柔軟姿態。

　　他們也可能並不是真的不婚主義者，只是在自身想要建立的關係上，不願意輕易妥協的人。

假使以這樣的人生態度與戀人結婚，想必他們會是比任何人都要努力的人。

　　「Bravo Your Life」，為他們致上我最誠摯的支持。

只要心靈相通，
即便是凌晨三點也不孤單。

·

If our hearts are connected,
we are not alone at 3 am.

減輕不婚而來的不安

　　新冠疫情爆發後，經濟對大家都是艱辛的問題。最近，因為社會經濟問題和現實因素造成的不婚主義者也越來越多了。

　　高漲的不動產價格令人感嘆，買房子簡直是天方夜譚。微薄的薪水讓人連生孩子都不敢想像，看看養育一個孩子所需的花費，每年以億（一億韓元約等於兩百三十萬台幣）計算的數據，真心覺得結婚、生子、育兒、規畫老後生活的人生，似乎是越來越難了。正因為明白社會的這種現況，所以我不想一味的叫人結婚生子，說這種倚老賣老的話。

　　不過，除了積極的不婚主義者外，也有很多消極、被動的不婚主義者。

　　「我不適合結婚。」
　　「一個人的生活很自在。」
　　「父母讓我覺得婚姻生活很乏味。」
　　「誰會喜歡我這種人啊？」
　　「我沒有足夠的經濟能力可以養家。」

基於這些理由放棄結婚的不婚主義者，著實令人惋惜。

這些消極、被動的不婚主義者也有幾個特性，第一，不信任自己，他們是對現在的生活、對自己心有不滿的人。

其實喜歡他人、愛上他人的能力，是必須要先喜歡自己、愛自己之後才可能的。喜歡自己的這份情感能促進自己的信心、信賴，這股氛圍也就會擴及到他人領地。

第二，對於和他人之間深厚的關係會感到不自在。有些人甚至從小就幾乎沒有與他人建立真正深厚關係的經驗。

在課業上被要求成績、社會上要求具備優秀職業的父母底下成長，或本身是以學歷或財產等，以縱向排序世界觀看待他人的人們並不懂得真正去關心他人。

此外，以自我為中心的人通常也不會注意他人，或傾向迴避型依戀的人，往往也會害怕與他人之間的關係越來越深。

這些人一旦與戀人親密相處，就會害怕自己的世界受到侵犯，被不安所包圍。簡而言之，他們是基於種種原因，不善於和他人建立關係的人。

第三，對世界和未來持悲觀態度。那些基於經濟因素而變成不婚主義者的人們便屬於這一類。

他們從表相先行判斷，認為自己的未來不可能美好；內心深處也對未來缺乏信心，並被消極的世界觀所束縛。

事實上，隨著年歲的增長，人會越來越對這個世界瞭然於心，

並收起內心的期待、安於現實生活，同時也會出現稍微冷漠的一面。

可是對年輕的二十世代來說，如果有這種比自己年紀還要老成的想法，那就像是過著對未來沒有期待，也失去了樂觀，過著艱難人生的老年人一樣。

你是不是也像這樣的不婚主義者？你是那種認為日子已經夠累、夠不幸了，如果再加上結婚，有伴侶、小孩，會覺得人生更辛苦的人嗎？

我們不是為了結婚而存在，我們是為追求自身的幸福而活。對某些人而言，結婚是一種幸福，但是對另外一些人而言，因為不適合結婚，所以自己一個人生活才是幸福。

我們都需要好好想一想，自己的人生韁繩是否其實不在自己手上，而是交付在他人手中或這個世界？有沒有可能積極的選擇不婚並非出自本意，而是被這個世界所左右？

當我們把人生的韁繩握在自己手中，才可能具備作為一個人的自律性與獨立性。但假使這條韁繩是操之在外界之手，因為要隨時豎直耳朵、注意外界的變化，還要配合變化做好應對準備，我們的內心必定充滿了不安。

當你無法按照自己的意思過自己的人生，對外界的一切事物就容易心生不滿和埋怨，人生可能就因此陷入不幸的循環。

也許我們都該思考一下，是不是這樣的世界、這樣的人們讓其他人成了不得不成為不婚主義者的原因？

同時還要想想，決定不婚是否是為了逃避某個情況而做的選擇？有沒有可能是基於討厭與人之間的深厚關係帶來的責任？或和誰太親近，就聯想到對自己的一舉一動都要一一干涉的家人陰影？又或者為了逃避一個真正的成年人必須承擔的經濟問題而選擇不婚？

最後，讓我們好好審視一次，你跟自己的關係是否良好？是否對於現在的自己感到滿意？比如學習能力強、音樂方面也有才華並熱愛音樂，卻為了父母的期待而成為法官、檢察官或醫師等。從事不喜歡的工作可能會導致對自己的不滿，因為這不是你要的，是為了父母、為了別人而活的人生。

關於自己喜歡的、擅長的、什麼情況下能感受到幸福的問題上，許多人的回答是「我不知道」。

若你連自己都不了解自己，想要弄清楚什麼樣的人是適合的對象就更難了。獨自一人的人生都不可能隨心所欲了，更何況是兩人一起的人生，就更不知道該怎麼辦了。

這種情況下，很容易就變成看起來條件不錯，就「將就」交往，時候差不多了，就「將就」結婚。或正因為不願意「將就」結婚，於是成了一個不婚主義者。

像這樣關於不婚的煩惱，比起結婚對象或結婚本身，更要從

自己本身去考量、找到解答才是正確的作法。

然而盲目的不婚主義者大多都不了解自己是什麼樣的人，雖然對與人之間的關係感到不自在，卻因沒有勇氣和意志力改變現狀，只想安於當下的生活狀態。

想通了這些煩惱後，如果做好了準備，何不敞開你的世界之門、迎向他人？與這個世界不再存有任何的偏見，何不試著卸下「我絕對不會結婚」的鎧甲？很快你就會發現，長久以來沉重的肩膀變輕了，灰暗的世界變得五彩繽紛。

你的世界變得開闊，你也樂在其中，感受到前所未有的自由。了解到原來自己也可以像別人一樣卿卿我我地談戀愛，不僅會意外發現這樣的戀愛十分有趣，和戀人的真誠關係也能帶來幸福和滿盈的喜悅。

世上沒有天生的婚姻主義者，也沒有天生的不婚主義者。對結婚不再抱持僵硬的想法，思想也會變得更加柔軟有彈性。

絕對不要被別人的評斷蒙蔽雙眼

　　有時我們會透過別人介紹或相親認識對象，如果有人對你的對象感到好奇，有時也需要特別向別人說明他是個怎麼樣的人。

　　從事哪一行、家住哪裡、外表長相，說明這些外在條件很簡單；待人溫和、可靠、為人風趣等個性方面的形容也不會有太大難度。不過，許多人都會忽略一件事，就是關於對方的品德。

　　「我們是辦公室戀情，所以我當然了解他的人品。」我似乎聽到有讀者抗辯的聲音了。

　　如果真是這樣，那還好，這表示這個人至少「對人的」品德部分是有的。不打不殺、不偷搶拐騙，這種學校課本裡會教的基本品行，不僅是在公司裡會被人當作評斷人品的基準，對業務評價或升遷方面也有一定的影響力。

　　為了自己，我們會謹守道德的界限，但我要談的，是「私生活的」品德。

　　在公司為人誠實、品行端正有工作能力的同事，在私生活上卻是一個喜歡腳踏多條船的人；一個辦事能力強又有責任感的人，與戀人分手時卻每次都是潛水分手，是慣性採取卑鄙手段的人；一個會帶生活不順遂的朋友去吃飯喝酒、給予安慰的人，

對於戀人希望他能不要每天喝酒到天亮才回家的忠告卻完全不當一回事。

這些問題造成的糾葛，都是因為沒有看清楚「私生活的」品德，而這些狀況正好也能點出兩人彼此關係的失衡與錯誤。

在選擇戀人時，一定也要考量對方的品德。人們一般多少都會隱藏自己這個部分，一開始戀愛時會很努力，在對方面前表現出最好的形象，但儘管如此，睜大眼睛還是能夠看清楚的。

比如說要去家族旅行，卻和另一個人去參加單身男女之旅；為了窩在網咖而擅自取消約會，還謊稱自己感冒了、身體不舒服……一個品德缺失的人必定會發出這些類似信號。

更極端的狀況，像是「我應該跟喜歡進出色情場所的男友繼續交往嗎？可是他好像真心悔改了」「他被我發現跟別的女人搞曖昧，我該怎麼做呢？」這些情感問題在網路上時常可見。

這是老天給我們機會，好好判斷對方身上無法靠肉眼看出的私生活品德，算是「祖先庇佑」吧。

但有些人無視這些從天而降的機會，因為愛、因為太喜歡對方，便以原諒之名繼續交往，不免令人感到遺憾。

把私生活上品德缺失的人果斷踢開，才是在為自己的人生著想。相反的，私生活上有高度品德的人，是兼具「包容」的德行，同時具備成為最佳戀人潛力的人。也就是說，他是那種能以無比的包容帶給你幸福的戀人。

婚前應該要了解到什麼程度？

「交往不久就閃婚，婚後才開始覺得婚前好像太少發生爭執了，不管婚前婚後，我還是覺得相愛太難了。尤其是成為一家人後，我變得更加小心翼翼，有時心理壓力真的很大。究竟婚前應該要了解到什麼樣的程度，才是適合結婚的狀態呢？」三十多歲的小綠小姐如此問。

根據韓國近三年來的離婚統計，二〇一七年十萬六千件，二〇一八年十萬九千件，二〇一九年十一萬一千件，有逐年增加的趨勢。

有別於過去，如今多半是戀愛後才會步入婚姻的時代，這樣的統計，讓單身的未婚者不免有些不解。

「奇怪，難道婚前都不了解彼此個性嗎？至少要知道對方的個性才能結婚吧？」旁人當然可以輕易的這麼說。

有人說，如果不一起生活，就無法了解對方，對此，也有人認為婚前先同居就沒問題了。但對同居文化給予認同的目光，對確實是有許多婚前同居，離婚率卻高於韓國的美國和瑞典來說，並不全然是正確的。

同居的話就能看到對方的習慣，像是睡覺時會不會打鼾，脫

下來的衣服如何擺放等，但由於同居不像結婚，需要在眾人面前說出誓約，心態上可能就不太能感受到對方的珍貴。

有一些團體或聚會會舉行嚴格的入門儀式，至於為什麼要這麼做，其實其中隱含著人類的心理。

通過高門檻的考驗，通過考驗的人們會對這個團體產生更大的歸屬感、愛與關心，也會對自己能夠成為其中的一份子而感到驕傲。

事實上，結婚可說是克服了種種的苦難和逆境終成眷屬的象徵性儀式。

保證與這個人共度一生的誓約，具有一旦打破約定，便會失去自己和親朋好友的信賴的約束力，而這，正是婚姻代表的意義。

可是不具備這種約束力的同居，自然也沒有盡責任的義務。如此，彼此心目中的對方就顯得不那麼可貴了。

美國影集《欲望城市》裡，遲遲等不到同居男友求婚而著急的凱莉，呈現了美國同居文化的一面。

實際上，許多美國的未婚女性在同居中處於「乙方」的位置，很多時候總是為了「男友究竟何時才會拿著一克拉鑽戒來求婚」而煩惱。

有些人似乎是把同居視為婚姻的模擬體驗，但同居不是真的

婚姻。我們的確可以藉由同居更進一步了解對方，但是不同於婚姻的是，當真的發生問題時，根本不會有機會看到那個人的真面目。

遇到人際關係糾葛不清時，對方不會讓我們看到他是怎麼協調解決的；彼此對金錢發生不同意見時，也沒有爭吵的理由。這是因為雙方都適度的保全了各自的領地，況且兩人的關係是一旦發生問題，彼此都還能退回各自生活的最後堡壘。

然而婚後我們會看見這個人的一切。像是受到疫情影響，無預警被裁員時，是否積極的四處投履歷？還是只會怨天尤人、整天喝酒？娘家父親得了胃癌急需醫藥費時，丈夫卻大發雷霆的醜態；揮霍無度的妻子嫌丈夫賺的錢不夠多的嘴臉……除此之外，也能直接了解到婆家和娘家的思想和價值觀。

在男女雙方家長的見面席上，聽到娘家媽媽擔心女兒當不好長媳角色的一席話，婆婆雖然嘴裡說，都這個年頭了，也不是事事都要長媳來做，這樣看似深明大義，婚後卻以長輩姿態百般刁難，導致兩人離婚的情形屢見不鮮。也有人是和太太的娘家人住在一起，卻因為丈母娘的事事干涉，深感困擾而來就醫。

這些都是同居無法顯現的問題。

同居生活中只能看到兩人的日常生活習慣，而婚姻不僅會呈現雙方的習慣，還會夾雜金錢觀以及看待生活的方式，連婆家

和娘家兩家的思想也都會滲入其中。

生了孩子後，疲憊不堪的生活會使得彼此失去耐性，甚至針對育兒的問題毫不留情地批判對方的人格。來，各位現在還認為同居是婚姻的實際模擬嗎？

在結婚之前，同居也好、爭吵也罷，都不可能深入了解對方的為人。

即便是爭吵，也只是針對心裡不舒服的問題起爭執，從已婚者的角度來看，這不過是兩人之間甜蜜的愛情鬥爭。

但是婚後，這些就真的會變得激烈且真面目盡現，變成齜牙裂嘴地恨不得把對方吃掉的野獸之爭。

正因為如此，不論是戀愛五年還是一年，或相親認識三個月就閃婚，我從身邊那些離婚的人們身上了解到，幸福的婚姻生活和離婚其實是隨機的。

任何形式的戀愛都只能有限度的了解對方，幸福的戀愛也不一定能走向幸福的婚姻。所以我們在決定結婚的當下，必須先認知彼此之間仍然存在未知的領地。

如果在婚姻裡有什麼需要改進的問題，就應該要盡一切的努力去改變。

此外，假使對方那些你原本不知道的缺點真的到了令人無法忍受的程度，也需要拿出勇氣重新考慮婚姻本身，甚至應該要

考慮讓兩人的關係回到原點。

　　我見過許多極力想要改造對方而跑遍婚姻諮商所，在醫師面前毫不留情地數落對方缺點的夫妻。

　　在對方難改惡習的前提之下，考量清楚自己願意承擔以及能忍受的部分，便是盡了自己最大的努力。

三十歲後，愛情需要的東西

「走過大學畢業、進入職場忙碌生活的二十歲，如今已經踏進三十歲的門檻。回顧過去的時光，我發現自己真的很努力的生活著。

很努力準備大學考試和就業，進入公司後，開始頭也不回、拚了命的往前衝。

不只是工作上，戀愛方面也都很努力的經營。有過三、四次很認真的戀愛，甚至於想過要跟某人結婚，只是我發現人與人之間的緣分真的沒那麼簡單，後來因為各種原因還是分手了，目前單身。」

就像文中的小風小姐，人們在二十歲的年紀，不外乎都在學業、愛情、工作上為自己而燃燒熱情，作為社會人士，努力攀向高峰。

儘管離開父母，獨自在外租屋或開始領薪水，也有存款，並為自己的首購儲蓄，這些卻都不足以作為獨立生活的必要條件。因此，我把剛開始社會生活的年輕族群稱為社會兒童，簡稱「社兒」。

社兒的戀愛，只要符合社兒的期待就可以了。像是長得好看、對你很好、在一起充滿樂趣等，事實上，懵懂無知的歲月有過的戀愛能豐富人生，並帶來幸福感。

　　孩子的生活從不需要為金錢或未來而煩惱，能不能找到有趣的事才是他們的全部，這就是二十世代的特權。即使不停的犯錯，社會仍然會以包容的視角看待孩子未成熟的行為。

　　但三十歲的戀愛就不是這樣了。三十歲的年紀不會著眼於長得好看、身材好這些理由來選擇對象。這個年紀的人已經很了解自己，價值觀與思想理念都已經成熟，更具備了二十世代所欠缺的看人的眼光。

　　能夠看出這個人的品行、政治傾向，過了三十歲，能更進一步能判斷這個人是否誠實，甚至於是這個人的本質，約略還能看出「這個人是否有前途」。

　　換句話說，從這個人的「外在自我」到「內在自我」，我們看人的眼光，會隨著年齡的增長而越來越精準。

　　我並不是要告訴各位看人不要只看外表，更要注重內在這種陳腔濫調。

　　外在的自我（職業、外貌、穿著等）讓我們可以了解到這個人秉持的誠實性和所做的努力、興趣和審美觀，甚至於稍微能夠猜到他的內在自我。

內在自我是一個人最深層的一面，是這個人的真正為人，以及往後想要有什麼樣的生活。

有研究指出，婚姻生活幸福美滿的夫妻在價值觀、宗教、理念上共享的部分多過外在。像蕭邦一樣，戀情被世人傳為佳話的情侶，同樣也是被彼此的內在吸引而非外貌。

事實上，彼此的內在自我的相遇，是足以將「從前的我」轉換成「以後的我」的一場激情歷程。

能看出別人的外在自我和內在自我，這種慧眼並不會隨著年齡自動形成。自己先具備審視自己的慧眼，判斷他人的慧眼才會隨之產生。

令人意外的是，即便過了四十歲，仍然有許多人並不了解自己是什麼樣的人。

被問到個性時，很多人只會簡單的回答自己很內向、容易相處、很活潑。他們並不知道哪些事能讓自己真正能感受到幸福，也從來不去思考自己想追求什麼樣的價值、理念、人生觀這方面的課題。

對自己不了解，選擇戀人時自然也是無所適從。大概就是在自己的生活領域半徑內，隨便挑一個對自己有好感，或自己對他有好感的人成為戀人。

二十歲的年紀，理所當然可以這麼做，但這類型的人即便是

三十歲了，還是會以二十歲的方式來挑對象，而且以一貫的模式談戀愛。

人們總認為本身經歷的世界就是一切。尤其人際關係中，自己和他人的關係，將決定你日後與人關係的最小值與最大值，也就是會與和自己相近的人，在有限的活動範圍內，重複相遇和分離。

「兩個相近的人相遇，一起過著相近的生活」，這讓我想起一對姊弟戀情侶在 YouTube 的開場白。

努力讓自己變得更好，才能遇見更好的戀人，這句話確實是真理。例如在晨間英語班認識了男友，這表示勢必會認識和自己一樣，努力經營人生的人。

同樣的，假使是對很多事情都感興趣，所以時常參加流浪狗志工活動、時常喝公平貿易咖啡的人，能夠遇見與自己價值觀和理念相近的人的可能性，就大大提高了。

先具備審視自己的慧眼，再以此為根據，鍛鍊自己看穿別人的慧眼。然後當你將自己帶進適合你的世界，在這個世界裡，就能遇見與我你契合的戀人。

三十歲是人生的起點。二十歲的年紀，容易盲目的追逐社會賦予的、別人認為是對的人生；三十歲了，但其實很多時候會做的事，跟二十差不多。

想著要像別人一樣，在差不多的時期結婚，努力準備買房子，認為生一、兩個小孩剛剛好。這樣的想法充其量只是二十歲思想的延伸，只是在照搬這個社會認可的人生。

戀愛也是一樣。女性到了三十歲，選擇性會變少，也很難去認識新的對象，和交往已久的戀人分手時，周遭異樣的目光或自己受到的傷害，都只會更加的強烈。

然而，這不過是別人賦予世界這樣的價值。戀愛市場上，女性的外貌能交換年輕男性財富的進化心理學觀點，也是上一代賦予我們的價值。尤其是當自己有所匱乏時，人生就受制於此進化心理學邏輯的支配。

大致跟著前人的步伐前進，至少還能走完一半的路程，人類悠久的歷史可以證明這一點。

如果除了外貌和年輕之外沒有任何其他拿得出手的條件，沒有自信能一個人，理直氣壯地過自己的人生，那麼早點進入婚姻市場或許是一個明智的選擇。

話說回來，身為成熟的大人和社會人士，三十歲的年紀應該有更多內在層面的思考。認真選擇作為人生轉捩點的職業，審視自己是否真的在按照自己想要的人生方向經營生活等。

除此之外，更要摸索找出屬於自己的第二人生，而不是輕易接受社會賦予你的人生。

對於如此認真努力生活的三十歲來說，戀愛不再是輕而易舉的事。看人的眼光不知不覺產生變化，能夠看穿二十歲時看不懂的他人的人性。

外在條件無可挑剔，但是看待世界的觀點部分與你分歧的情況下，看得出不論是戀愛還是婚姻，都有可能失去平衡。不想以婚姻之名放棄努力已久的職場，於是選擇願意尊重自己想法的另一半。

或許有讀者想抗議，計較這麼多，怎麼可能找得到對象？各位，我們是為了得到人生幸福而找對象、結婚，可不是為了找人談戀愛，或想結婚而放棄自己、自我妥協。

三十歲後，如果能認知到人生的責任由自己承擔，那麼年齡就再也不會是阻擾自己前進的絆腳石，更不是談戀愛的最後時限。

發展外在與內在自我的努力過程中，同時也在鍛鍊自己審視別人的外在和內在自我的能力。你的世界會跟著變得寬廣，戀愛和結婚不再是必須，而是一個選項。

年齡越大，我們就更要用心的挑選戀人，因為這代表你看待這個世界的眼界，已經足夠成熟了。

了解自己並懂得愛自己的人，
幸福沒有極限。

.

There is no limit to happiness for those
who know and love themselves.

是不見，還是不能見

　　究竟要到哪裡才能找到對的戀人？我的真命天子／天女在哪裡，在做些什麼？我該做什麼樣的努力？在此為各位稍微介紹一下 J・理查德・烏德雷（J. Richard Udry）擇偶過程的「過濾理論」（filter theory）。

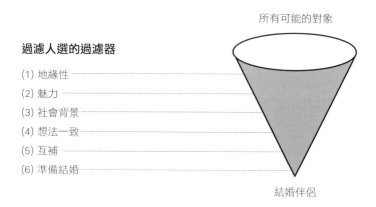

過濾人選的過濾器

(1) 地緣性 ……………………

(2) 魅力 ………………………

(3) 社會背景 …………………

(4) 想法一致 …………………

(5) 互補 ………………………

(6) 準備結婚 …………………

所有可能的對象

結婚伴侶

從戀愛過程走到結婚的過程就是如此的複雜。過濾網上沾染了許多連自己都不曾發覺的、潛意識的複雜思維，並用來篩選戀人、結婚。

關於過濾理論的成效，我們可以從和睦相處的夫妻身上得到印證；相反的，關係糾葛的夫妻在此過濾網上，至少都有一個以上的選項無法通過。

在夫妻諮商的例子中，我接觸最多也最沒有辦法解決問題的夫妻，往往是彼此之間完全沒有愛情可言的夫妻檔。他們在第二層的「魅力」部分沒能維持下去。除此之外，第三層的「社會背景」、第四個的「想法一致」部分，也有很多的問題。

在長輩的壓力之下與在民主家庭氛圍中成長的夫妻，兩方在價值觀的衝突，在日常相處中就會經常上演。第五層，情侶和夫妻之間也是一種人際關係，「Give and Take」方面圓滿的「互補」，才能有助於愛情的維繫。

一旦有人單方面做出犧牲，這段關係就會開始出現裂痕。第六層，「準備結婚」的過濾網，意外懷孕而奉子成婚的情侶在生活中，常見到因為把自己的不幸感受投射在對方身上，造成彼此之間的爭吵的例子。

不過仔細想一想，這些過濾網中，我們至少可以嘗試的是第一層的「地緣性」、第二層的「魅力」。至於其他的方式，我們也不可能為了配合喜歡的人而改變背景或政治觀，更不可能

去換一個能給我金湯匙或銀湯匙的父母。

現在我要來和各位聊聊第一層，「地緣性」的過濾網。

遇見某個心儀對象、打算展開戀情時，我們要敞開心房面對這個世界。其實不只是面對戀人時需要這麼做，對朋友、家人或對這個世界，敞開的心靈才能為你帶來幸福。

我們總以為只有絕世美女才會有男人主動追求，其實令人意外的是，因為擔心被拒絕，所以很多男性反而會猛烈追求對自己表示好感的女性。

有些女性認為讓男性主動靠近是欲擒故縱的第一步，所以對明明很喜歡的男性故意隱藏好感或假裝漠不關心，反而造成反效果。

人都會對喜歡我的人產生好感，而且不論男性還是女性都害怕被拒絕。正因為如此，人們口中的「高冷女、高冷男」才會沒有什麼機會和異性談戀愛。這裡我們不妨聊一下，通常帶有貶低之意的「多情」美學。

不是不分對象的多情，而是有所選擇、有品味的、只對喜歡的對象積極的多情，這可以說是有助於促進情感的調情（flirting）的行為。

第一，以積極肯定的態度回應日常的輕鬆對話。不只是要對戀人如此，在一般的人際關係中，這也是必要的表現。比如認

識的人圍了一條別出心裁的圍巾時，可以讚美道：「哇！圍巾好漂亮哦！」有值得慶賀的好事時，不帶私心地說：「哇！真是太好了！」或「梅雨季好久啊，來上班的路上雨下得大不大啊？」

日常性的對話中，敞開心胸表現關心，這樣的對話方式比起「晚上有空嗎？」這種直接的搭訕詞，更能夠自然的將好感傳達給對方。

第二必要的是適時的「自我披露」（self-disclosure）。人與人想要彼此了解，除了姓名、性別、職業這些大家都知道的方法外，分享更多的資訊是必要的。

有什麼興趣、信奉哪個宗教、喜歡什麼動物，有機會時，要盡量讓對方多知道一點關於你的事。除此之外，也要不著痕跡的留意他的個人資訊。

當「自我披露」的範圍延展開來，私密的煩惱或內心深處的心結、對別人難以啟齒的家族史等，連這些私密的事也能開始共同分享時，和他的關係也會一步一步的發展下去。

如果要能夠通過地緣性的過濾網，我們要對他人敞開自己的世界。即使這樣的過程本身不一定能促成一場戀愛，但是人生卻能因而更加開闊豐富。

為了陪胃癌的父親住院向公司請了月休假，同事隨口問月休

的原因時，回答：「父親被診斷是胃癌第一期，動個簡單的手術就可以出院。」一個月後，同事在茶水間問候父親的狀況，他的關心也會讓你覺得情感上更貼近了。

前面我們提到烏德雷的過濾理論，現在我也想談談我自己的過濾理論。

我想告訴各位的是，透過世上的人們、同事、戀人這些私人過濾網，就能遇見你的戀人。對他人的開放性和真實性，就是遇見戀人的方法。

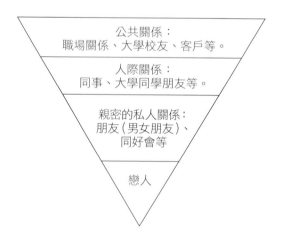

我們會愛上某人的三個理由

　　有一則笑話是這樣的，想要引起富二代的注意，就去賞他兩個耳光，誘發他的好奇心，讓對方覺得「第一次遇見像你這種女人」，藉此帶他走進從未經驗的世界，最後讓他陷入愛情。

　　富二代與庶民的戀情，現代版王子與灰姑娘的故事，至今仍然是吸引大眾的人氣設定。這裡鋪陳了一個「選擇朋友或戀人時，我們會覺得擁有與我們不同特性的人最有魅力」的前提，那麼事實上果真如此嗎？

　　正好相反，我們更容易接納與自己類似的人。在成為情侶關係前，這是一段人際關係。

　　同性間，往往是和你性向接近的人們會物以類聚，成為好友。彼此容易理解，容易產生共鳴，可以一起從事的興趣或聊天的話題也比較多。因為相處自在就容易敞開心胸，彼此也會因而逐漸走向深厚的關係。

　　同樣的，當我們和與自己背景相差懸殊的人在一起時，就會因為感到不自在、無法敞開心胸。

　　戀愛關係也是一樣，和自己類似的人比較能吸引我們，稱之為「相似法則」（similarity effect）。研究關於「好感」多年的美國

心理學家唐恩‧伯恩（Donn Byrne）進行了一項相關的實驗。

唐恩以二十出頭歲的大學生為對象，請他們先分析各自的態度再評價彼此的外表。然後將一半的學生與類似的人分成一組，另一半與相反的人分成一組。

約會結束後，評估兩組的滿意度發現，態度相近的情侶比相反的情侶彼此更有好感。除了對方的態度跟自己相近之外，對於對方的外貌給予高度評價的情況下，滿意度也最高。

唐恩以另一種方式又進行了一次實驗。他讓所有的實驗者先參與一份關於政治傾向、神的存在、價值觀等內容的問卷，然後將問卷交給另一位實驗者。但問卷之中，有一半是經過他修改後的問卷，一半則是原本的問卷。

結果如他所預期，態度相近的比率越高，好感度也隨之加分。無關乎成長背景、性別、年齡，每一組都得到一致的實驗結果。其餘學生的研究中，也有與本人相貌相似、甚至是姓名雷同的情況下會產生好感的研究結果。

時常聽到長時間生活在一起的夫妻，會越來越有夫妻相的說法。但在研究方面，像是外貌相似的人容易互生好感而結婚，或生活在一起的情緒相近，臉部表情也會相像等，有各式各樣的說法。

其實並非只有面容接近，價值觀和理念，說話時慣用的語彙

也都會越來越差不多，甚至連智商都會互相影響。由此可見，人與人之間交流的影響遠超過我們的想像。

不過，有時候我們也會被有著和自己不同面貌的人吸引，像是沉默寡言的人被活潑外向的人吸引，或順從文靜的人被充滿自信有能力的人吸引等。啊，還是應該先找個富二代，甩他一個耳光才是真理？可能也有人會這麼認為。

這裡指的不同面貌並非單純是指你和我的「差異」，而是意指關於自己所欠缺的部分，或渴望彌補的「互補」，心理學上稱為「互補原理」（complementarity principle）。

事實上，我們會羨慕擁有我們欠缺的東西的人，並因此覺得對方有魅力，或和自己在精神上、物質上能夠互相幫忙的關係上，對對方產生好感。

戀愛關係也是如此。美國精神科醫師莫瑞‧鮑文（Murray Bowen）提出心理的成熟度越高，越容易被與自己相似的人吸引；反之，越是心理不成熟的人，則容易被不同層面的人所吸引。換句話說，就是我也不喜歡我自己的情況下，會試圖找一個和我不同面貌的人。

最後第三個是「互惠原則」（reciprocity principle），也就是人際關係的 Give and Take。人都會去喜歡願意喜歡我們的人，同時和我敵對的人，我也不會去喜歡對方。

此外，對我表示善意的人，我也會欣然給予「好心的報答」，所以當我們希望得到某人的好感時，主動展現友善的態度就對了！

　　戀愛初期是彼此都特別需要努力的階段。被問到為什麼會和這個人談戀愛時，有的人會說「因為他對我很好」，或原本不把你視為異性的人，因為你喜歡他，所以總是不著痕跡地對他體貼，結果可能會因而對你產生好感、喜歡上你。

　　尤其是當一個男性對一個女性表示善意時，即便沒有類似性和互補性，往往也能發展成為戀人關係。

　　到這裡，我們探討了三個一個人會喜歡另一個人可能的理由。接下來，我們要聊聊有什麼方法能讓那個人喜歡我。

有什麼方法能讓那個人喜歡我？

　　有的，方法就在這裡。只要好好運用前面提到的相似性、互補性以及互惠性，與戀人之間的愛情也好、同性之間的友誼也好，都能輕鬆駕馭。

　　不僅如此，善用這些原理誘發顧客對你的好感，甚至能讓你成為公司的販售王！對主管善用這些原理不但有利於績效，還能比別人更快搭上升遷的跑道。

　　舉個例子，A 和你在政治色彩、宗教和人生的價值觀都很接近，但 A 還有很會唱歌的才能，和一群朋友組織了一個樂團，偶爾在地下俱樂部表演。

　　雖然現在只是一個平凡的上班族，不過畢竟你也是應用音樂系畢業，偶爾還是會夢想成為一名歌手。所以除了自己的本業之外，一有空檔就去唱歌表演的 A 看起來實在是太帥氣了。

　　有一次，他建議你去上聲樂課學唱歌，要你發揮自己的優勢，剛開始本來認為 A 這樣的人不可能會看上你，所以完全不抱希望，可是聚餐結束，一起坐上同方向的計程車時，他卻堅持送你到家門口。

還有因為太累沒法專心工作的那一天，他在茶水間泡咖啡時，也泡了一杯給你。

　　諸如此類的事情慢慢多了之後，你和 A 就成了一對情侶。說起來，大家的戀愛事跡不就差不多都是這樣？

　　當也有人是像這樣，在相似性、互補性和互惠性方面都完全契合，但只要符合任何一項，我們就有可能陷入愛情。

　　比如聊起自己喜歡的作家時才發現，原來彼此是同一個作家的粉絲，兩人聊到忘了時間的那一次；像是從小在父母的冷嘲熱諷中長大，充滿親切感的人對我的善意在心中無限擴大，毫不猶豫地緊緊抓住那一雙手時心中的悸動。

　　這樣開始的愛情在相似性、互補性和互惠性當中，即便其他方面只有 20 分、45 分，只要有一項是 95 分，我們就會無可自拔的陷進去。

　　愛情的開端往往是非理性、不合理的。當然，在交往的過程中，如果這三要素都沒有一定程度上的平衡，那麼慢慢的就會力不從心，然後冷卻，但這也是很久以後的事了。

　　只要善加運用這些法則，就能讓我喜歡的人也喜歡我。

　　首先，對他體貼入微，把所有的行程都配合他；即使我想休息，但是當他希望我陪他喝兩杯時，我還是立刻去陪他；為了他的生日，生平第一次親手做三明治，然後按照同事人數送到

公司，或把花了兩天時間做好的餅乾細心包好，騎機車趁他公司的午餐時間送到的辛勞也要甘願領受。毫不質疑的相信他會為此深受感動，我們的愛情也將因此更加堅定。

偶爾我們會刻意的討好戀人。比如為了喜歡棒球的男友假裝也很喜歡棒球，收集各種資料，把球員的事跡和資歷都背到滾瓜爛熟，特別準備一套適合在室內棒球場打球的棒球服，為了成功和男友來一場棒球約會而卯足全力。

或比如女友總是熱心參與教會青年團的活動，我明明對宗教完全不感興趣，卻還是每個週日都去教會準時報到；聽到希望女兒早日結婚的女友父母說希望女婿也是會上教會的人，於是索性加入教會的唱詩班，只希望他們能夠看見我的努力。

但需要注意的是，為了彼此之間的互惠而努力時，往往會過度的犧牲自己。另外，為了符合相似性而捏造不真實的假象也是一個問題。

有時候以上這兩個因素，也是當我們知道戀人上鉤的那一剎那，又突然恐懼而退怯的原因。這就是為什麼社群平台上，經常有人訴苦，說戀人變心了。

人無法違背自己的天性而活，以原本的我活著才是最大的幸福。肉食性動物雖然偶爾也會吃吃草，但最終還是會回去大啖肉食，這才是動物的本性。

不是突然變心了，而是原本就是那樣的人，一切都只是為了讓我愛上他而隱藏了本來的面目。

　　評估戀人時，不能把戀人吃草的樣子當作真實的他，同樣的，自己也是如此。展現原本的自己，而對方也願意這麼做時，我們才能成為一對真正八字契合的情侶。

　　此外，互補性是我們疏於努力的部分。兩人之間如果要發揮完美的互補性，自己就要先具備足以影響對方的能力。最終，還是要自己磨練只有自己才有的魅力。

　　一開始為對方認真工作的身影所著迷，然後發現對方只是一個懶惰的「月薪小偷」時，那一剎那，他的魅力蕩然無存。

　　實際上，在自己的工作崗位盡力發揮能力的身影，在旁人眼中是會發亮的。

　　不論是精神上或實質上，能夠給予某人幫助的這種能力，完全是只有這個人才有的完美領地，親切的個性或社會能力都是如此。

　　可是許多情侶一心想著要體貼對方，努力的想要找到和他／她的共通點、拉近彼此距離的同時，卻忽略了這個部分。

　　其實，即便無法和他人在相似性和互補性方面有所契合，真正有魅力的人還是如晶瑩的玫瑰般，散發著獨特的芳香。

　　就像我們之所以會變成某個藝人的粉絲，正是因為受到他們

獨有魅力的影響。懷抱著崇拜的心情，欣然跳進無邊無際的追星世界。

　　我想問問彼此深愛的情侶們一個問題。現在的你，即便和戀人分手了，是否仍然保有吸引人的獨特魅力？是否有持續的磨練這份魅力努力的提升自己？

　　對戀人而言，最理直氣壯的部分就是這種互補性。電視劇《巴黎戀人》中，朴新陽抓著被女友用飲料弄髒衣服而大聲斥責的男子衣領，說他願意賠償衣服的錢，要求對方閉嘴的那一段，正是因為他有足夠的財力才能那麼霸氣。

　　雖然平時忙於工作，沒有時間和他相處，但是女友在管弦樂團公演中，演奏了十分精采的大提琴獨奏。

　　當他穿著正式的服裝，抱著一大束玫瑰花等她結束公演的時間裡，內心充滿了對女友的自豪與愛意。

　　我覺得可惜的是，所有的情侶都是過度的為相似性和互惠性付出心力，卻在互補性，也就是確實磨練自己能力和魅力方面疏於付出。

　　但這個部分，其實才是你能以自己的魅力去影響戀人的、最強而有力的領地啊！

CHAPTER

6

明日的我

Love Myself

.

你值得美好的愛情

為了遇見更好的緣分，你需要做的準備

　　人們的煩惱中，有一半來自於人際關係。要他們從最近發生的事件中挑出最痛苦的一件事，一半以上的人都指向與重要的人之間的爭執或分離。尤其每個人至少都有過一次和戀人爭吵或分手的痛苦經驗，這時心底會浮現各種疑問。

「為什麼我都不覺得談戀愛是幸福的事？」
「別人都找得到不錯的對象談戀愛，然後結婚，為什麼只有我還是孤家寡人一個？難道我是這麼沒有魅力的人嗎？」

　　一開始，這些都是基於現任、前任或周遭的異性所產生的疑問，然而，最終還是會把問題回歸到自己身上。
　　不論好壞，人都是以自我為中心，所以這是理所當然的現象。思考這些問題並試著解開線團時，有時自己就能找到解答。

「啊，原來是我自尊心不夠強，才會這樣貶低自己」
「我很重視男人的能力，所以找了一個符合條件的人，可是為什麼我卻感受不到幸福？原來，是比他親切溫柔的人才適合我」

「原來我是很難讓別人走進我的世界的人啊」

這種自我反省對於促進人生成長是必要的。以客觀的角度審視自己，只是這樣的過程，辛苦多於幸福。

我們不會在遇到開心的好事時想到要反省檢討，像是抽中公宅或入選大賽、用心做的企畫成功結案，那一瞬間，我們只會感到心滿意足。但在人生的重要時刻遇到困難時，我們就不免耿耿於懷。

這並不是真正的自我反省，不時叨唸著要不是某某害我變成這個樣子，我的日子就不會這麼辛苦，怪罪這個世界和他人地過日子；或怪自己無能、太笨，過度貶低自己。這兩種情形，都欠缺了正確審視自己的客觀眼光。

人在遇到問題時，都會有自己的想法和行為模式。有人是遇到問題時會去找原因，有人則是積極尋求解決的方法。

事實上，尋求解決是最好的方式，但這並不容易。天生善於排解自己的情緒、運用理性的人，或有一點年紀、有一定成熟度的人才會選擇這種方式，普通人主要傾向於努力找出原因。

尋求原因的過程當中，「都怪我自己太愚蠢了」也有人會這樣過於自責和怪罪自己，主要是平時的「自我觀念」（Self-concept）會跳出來抨擊自己的一切，而不是針對事件本身。

像這樣一再自責與譴責的行為，其實是再次確認並堅信自認

愚蠢的自卑感和自我觀念的一個過程。

然而，這種情況下無法解決問題的，只能一直在原地打轉。相較之下，自我反省是「我太忙了，才會疏忽了戀人」「我跟戀人個性上合不來」，像這樣做出客觀的判斷，透過自我反省找出原因的過程，是找到解決對策的一種預兆。

心理學上把自我反省的慧眼稱為「心理覺察」（psychological mindedness）。精神科醫師認為，想要接受精神分析的人當中，心態上準備好要審視深層潛意識的人，才會有治療的效果。

因此，他們在一開始會先評估這個人是否有能力接受精神分析。如果能力不足，即代表能力不足以審視自己，精神分析的結果也不會有理想的效果。

換句話說，知道自己有病症，可以說是具有基本的「病識」（精神科用語，insight）。從否定自己生病的初期階段開始，身心都有所感受並主動接受積極治療的高度內省階段。

自我反省、心理狀態、病識等，不同領域有不同的說法，但意思是相通的。在愛情裡，透過這樣的自我反省了解自己，正是自我成熟的開始。如此，曾經歷慘淡戀情的人，下次都可以談一場幸福的戀愛。

唯有先認識自己是什麼樣的人，才會明白適合找什麼樣的對象。當你了解自己想要什麼樣的彩色人生及願景，才能迎合他所希望的人生和願景並互相協調。如此，才能在這個世界和戀人一起盡情翱翔。

病識的認知階段

第 1 階段 完全否定。

第 2 階段 知道自己需要尋求幫助的同時,否定問題的若干意識。

第 3 階段 認為自己的問題是外部因素造成,指責周遭因素的鬥士程度。

第 4 階段 知道自己有病,且能夠認知那是自己的猶豫不定造成的問題。

第 5 階段 知道自己的病症,並了解無法適應是自己的問題,但還是擔心未來問題得不到改善的理智型病識。

第 6 階段 患者對於自身內心的動機和感受有心理上的認知,並因此產生行為改變的真正病識。

我還能再愛一次嗎？

　　即便是要奉獻心臟也再所不惜的愛情，卻還來不及結果就悄然離去時，我們會覺得不可能再有這樣的愛情了。就算有另一個人的出現，也無法再像以前那段愛情一樣燃起熱情。

　　曾經義無反顧的愛過，如今卻凡事錙銖必較。不斷的拿前任做比較，特別覺得現任的缺點很礙眼。到頭來不知道為什麼，總覺得現在這段愛情並不是自己真正想要的。

　　其實，在我們的想法裡，有幾個對愛情不太務實的信念。比如「沒有熾熱的愛情，我的生命就失去了意義」「真正的愛情一生只會有一次」「只有強烈又浪漫的愛情才能永恆並走向婚姻」「隨時都能感受到被愛，才是真愛」「失敗的愛情後，會有很長的時間走不出情傷」等想法。

　　到這裡，可能有讀者覺得以上的說法和自己想的一樣。有一點是可以確定的，曾經以為是人生真愛的那段愛情，是不可能再重來了，當時的你和那個人、那段關係，確實不可能再挽回了。然後認定不可能再遇見像過去的他／她一樣那麼好的人，於是不自覺得抱持挑剔的心態，和日後交往的對象在一起。

好的，接下來要進行真相調查了。為什麼你和真愛要以分手收場？一定是兩人的關係出現變化才有了問題。或者，也有可能是某一方有外來因素，造成兩人的關係出現裂痕。

但冷靜想一想，關係的破裂無關乎誰對誰錯，因為昨日的你和今日的你，每一天都有不同的成長。不僅你會成長，他也會，兩人之間的關係也會。

假設你們是大學時期就交往的校園情侶，從學校畢業、各自踏入社會生活後，談戀愛的模式必定也會有所改變。

約會時不必再顧慮支出的寬裕荷包，兩人會去的餐館和喝酒的場所層次上也會有所差別。社會自我成長的同時，生活周遭接觸到的人們也都會不同於以往。

若彼此成長的速度無法契合，兩人的關係就容易出現裂痕。這種問題意味著，我們沒有領略到和一個人的關係也會隨著時間和環境不斷變化的事實。

與其說過去的那段經驗是愛情，倒不如說那是一種熱情來得更為貼切。

從熱情的角度而言，不一定能夠體現那樣深刻的愛情，**但能擁有一次這種熱烈的愛情，可以說是一生中最難能可貴的禮物，也就是你的人生中，也曾有令你為之瘋狂的一個人。**

正是因為熱情的力量使得那些藝術家們得以歌頌愛情，寫下情詩，畫下戀人的身影。舉世聞名的畫家畢卡索，便是以他那

偉大的創作與對女性的了解最而為世人所津津樂道。

我想他與每一位交往過的女性都是「認真的」，一如他以「繆斯」來稱呼帶給他創作靈感的女性。

這不僅僅是藝術家們的故事，我們也會改編過去來迎合自身的喜好。認為過去的那段愛情是真愛，為自己的愛情故事賦予動人情節。只是怕留戀過去、沉浸於回憶之中，而覺得當下的愛情平淡無奇，或把正在靠近的愛情拒於城牆之外。

我希望各位都能讓逝去的過去，只管陶醉在新繆斯的魅力下，畫幾幅讓世人敬畏的作品，當個大放異彩的愛情藝術家。

下一個遇見的人必定和以前那個人不一樣，而我們也會和過去的我不一樣，新戀情會是嶄新的色彩。

如果說過去的愛情是熱情的紅色，那麼現在的愛情可以是粉紅色、清爽的藍色、沉靜的綠色、成熟的棕色，併發出任何一種色彩都是有可能的。

請拋開只有熱情包裝的愛情才是真愛的想法，準備好迎接各種溫度和各種色彩。除了熱情的紅色，如果想把正在進行的愛情染上世間最瑰麗的色彩，那就得看你的囉！

在愛你的路上，

我慢慢的了解我自己。

．

To love you is to get to know me.

寂寞時遇見的愛情

　　一九七四年，哥倫比亞大學的研究團隊做了一項吊橋效應的實驗。

　　團隊在卡皮拉諾河上的兩座吊橋進行這項實驗。其中一座橋全長一百四十米、高七十米，容易嚴重晃動；另一座橋高三米，是堅實的杉木做成的、牢固穩定的吊橋。

　　參與實驗的，是年齡介於十八～三十五歲的男性，以問卷調查為由，與站在橋上，一位面容姣好的女研究生交換手機號碼。

　　兩組人馬的實驗結果出現了很大的差異。走過嚴重晃動的吊橋的男性中，有一半左右的人在事後以實驗結果為由打電話給女研究生，而走過牢固那座橋的男性則只有 12.5%。

　　意即走在嚴重晃動的橋上而心跳加速的男性，都錯把這樣的生理變化錯認為對眼前美麗女性的好感。當一個人在心理上處於不安狀態時容易失去客觀性，會像這樣過度解讀眼前的景象。

　　「○○七」系列動作片中，男女主角總是一起經歷充滿緊張感的重重危機，然後以浪漫的畫面結束。

　　在異於日常的特殊情感狀態下，相遇的兩人會成為情侶的機率要比平常來得高。參加學校聚會或研討會，在陌生的旅遊地

成為情侶的情形十分常見，與當自己身處困境時伸出援手的人更是容易墜入愛河。

從小城市第一次來到大城市、開始自己一個人生活，卻遇到刁難的上司而不順遂時，比起朋友，戀人的安慰更容易讓你的心充滿溫暖。正因為如此，有時候就是會跟平時不怎麼在意的人成為情侶。

那麼，這些愛情不一定是真愛，而是孤獨、不安、緊張和興奮情緒的作弄嗎？○○七和龐德女郎的愛情一旦回到平凡的日常是不是就會以決裂收場呢？

當我沒有缺憾、對人生很滿意時，對他人的需求也會相對的降低。但是當我感到某種缺憾時，就會向他人索求親密感、友誼感，藉以克服內心的缺憾，墜入愛河的機會也會變多吧？

對方填補孤單心靈的那份溫柔，就是開啟愛情的線索。但墜入愛河與守護愛情的持續茁壯又是另外一回事。

雖然是一見鍾情開始的愛情，但是實際相處下來，可能會開始不喜歡那個人自私的一面，或聊天時覺得話不投機，心裡的熱情漸漸熄滅。

一位二十多歲的患者跟我說，對方不喜歡每天換衣服，以至於身上總有一股難聞的氣味，兩人最後因為這個原因而分手；與之相反，也有人是在酒吧認識了對方，兩人相處愉快後繼續

這段緣分，後來成了一對幸福的情侶。

　　寂寞時如果遇見了一個人，此時追究是不是真愛其實沒有太大的意義。即便是在困境中或在特殊情況下兩人成了戀人，有可能是真愛也可能不是真愛。

　　沒有必要刻意去追究到底是怎麼開始的，當兩人相處的時間久了，彼此一起有了許多經歷，不再是因為寂寞孤獨卻仍然持續下去的關係，就可以大膽的認定是真愛！

　　我們的感覺會讓我們感受到這一點。我們只需要做到愛自己的人生，並真心努力去愛身邊的戀人，未來的事就交給未來。

義無反顧愛一回

　　《如果能再愛一次》是一部關於愛情的人生電影，很多人在觀看時流下感動的淚水，這也是讓我重新檢視戀人的一部電影。

　　伊安和莎曼珊是一對戀人。伊安總是把事業放第一，因而在自己的融資會議和莎曼珊的畢業演奏會撞期時，選擇了自己的事業。

　　因為伊安的不在乎而心碎的莎曼珊坐上一輛計程車，卻在途中發生車禍死亡。悲慟欲絕的伊安在翌日醒來，卻不可以思議地看見莎曼珊就在他身旁。為了不想再一次失去她，嘗試過各種努力的伊安卻發現，無論如何都不可能逆轉命運。

　　於是伊安開始竭盡所能，試著在最後剩下的時間裡展現對莎曼珊所有的愛。當命運的時刻就要到來，伊安終於對莎曼珊說出愛的告白。

我對你一見鍾情，但是直到今天我才允許自己真正去體會。
我一直都是凡事先算計再毫不遲疑的作下決定。
今天因為你，因為我從你身上學到的那些事，
讓我的選擇和我的人生都徹底的改變了。

如果真的愛過，我的人生就不虛此行了，不是嗎？

不管是剩下五分鐘還是五十年那都不重要。

要不是今天，要不是你，我永遠都不可能明白愛情。

謝謝你教我如何去愛，以及被愛。

當伊安知道和深愛的戀人只有一天的時間可以相處，他才恍然明白，過去是因為自己太過熟悉，而忽略了重要事物的價值。

當我們熟悉了戀人，會習慣性保持彼此的關係。不會想到戀人是否安好、有什麼樣的心情，凡事只管自己開心就好。

心理學上，將無法自覺現在每個瞬間發生的事，只是做出機械化的行為稱為「自動導航」（Automatic pilot）。以冥想治療聞名的喬・卡巴金（Jon Kabat-Zinn）博士曾經提出自我認知這種自動控制狀態，以及擺脫這種狀態的「正念減壓」心理治療研究。

博士的研究主要是引導人們，在關於自己的一些無意識的慣性思想、情感、其他各種行為中，領悟自己現在做的事以及所做的選擇。了解自己是擁有選擇權的自由存在，正是正念減壓的核心，也就是我們要理解自己正在經歷的事並確實的體驗。

將此理論應用在工作上，即是指「我真正要做的事情是什麼，在所處的狀態下我該如何竭盡所能」的心理準備。

仔細想想，我們確實有許多事情都是很機械化的行為。像是心裡不安時，想要藉著吃東西來安撫心情；有壓力時會想喝酒

等，如果不用心去體察這之間的關聯，那麼遇到事情時，就很容易嫌麻煩、草草了事。

孩子們對新玩具會展現出無比的狂熱，但看到地上有被丟棄的衛生紙被風吹著滾來滾去時，也會覺得很有趣不是嗎？

還有，玩新遊戲和玩具的當下，孩子們也都會全心地投入。可悲的是，成為大人之後的我們，卻慢慢喪失了這樣的能力。

感到不安時暴食，鬱悶時買醉，忘了試著去了解為什麼會有這些不安和憂慮，只是一味自動化的維繫著不好的生活習慣。

情侶關係上也是如此，在一起越久的情侶很多時候是無意識的、習慣性的對待對方。對對方漠不關心，也鮮少會為了對方的情況而主動配合，這是以自己為生活中心的狀態，不夠尊重身邊比以前更熟悉的戀人。

我建議戀愛中的情侶們至少看一次《如果能再愛一次》。電影傳達的主旨十分明確，引導觀眾重新思考，是否因為經常在一起、已經是很熟悉的人，所以感受不到對方的可貴？此外，「相愛不需要算計」這句經典台詞，也是值得深思的道理。

沒有任何算計的愛情，是在對戀人有明確認知的前提下才能做到。讓燈火照亮兩人，細細檢視彼此的關係，看看自己是否用不甘願、漠不關心的態度在對待對方。為了一場沒有悔恨的愛情也為了對方，我們必須高舉燈火並保持覺醒。

自己一個人也很自在的人

「約瑟芬，是我惹你不開心了嗎？所以，我只得用如此哀傷的神情望著你嗎？你究竟有什麼煩惱？我的靈魂因為對你的愛而無法停歇啊。」

據說一生中，為自己的妻子寫下約七萬五千封情書的拿破崙，他的情書將人們隨著戀人起伏的心情表達得淋漓盡致。

當對方看著你說愛你，你像是整個人像是要飛起來似的開心；當他毫無消息或看起來不開心，你的心情也像被傳染了而跌到谷底。或者，假使我們的關係面臨危機不得不和他分開，你可能會因此絕望地活不下去。

不再有彼我界限的愛情雖然幸福，但卻會讓彼此直接暴露於情感和關係造成的起伏中，所以同時還有痛苦的另一面。

包括戀愛中的人在內，某些人認為自己的幸與不幸完全取決於戀人。不過，一個人感受積極情緒的能力，還是根源於強大的遺傳基礎。

美國明尼蘇達大學的李肯（David Lykken）和奧克‧泰勒金（Auke Tellegen）兩位心理學教授就曾經提出「幸福感的基準點」（happiness set point）概念。

這個概念主要是說明每個人都有各自的幸福感基準點。遭遇挫折時會有強烈的悲傷，遇到好事時會有強烈的喜悅，不過以結論來說，還是會回歸到幸福的基準點。

這個基礎在人的一生中，是穩定且不會改變的，而我們通常是以性格之名來判斷某人凡事負面看待或樂觀以對。

有一位丈夫在車禍中離世，獨自扶養身障兒的四十多歲的女性患者，原本我以為會見到一個滿面愁容的女性，沒有想到眼前的患者卻是容光煥發。

我問她保持明朗心態的秘訣是什麼？她說自己身體要健康，才能好好照顧孩子，同時政府也給了她許多支援，讓她不致生活困頓。

這一番話讓人肅然起敬，如此積極的態度，可以視為是本人原本就具備這樣的情緒基調。

關於此一理論，美國加州大學河濱分校心理學教授松雅・隆博米爾斯基（Sonja Lyubomirsky）提出「幸福＝幸福基準點（50％）＋生活情境（10％）＋意志的活動（40％）」這樣的等式。

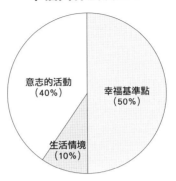

幸福由什麼決定？

意志的活動
（40%）

幸福基準點
（50%）

生活情境
（10%）

　　從圖表可以看到，幸福基準點的遺傳性是 50%。可能有人認為有一半這麼多，也有人認為怎麼只有一半。

　　如果把戀情代入到圖表上，那麼外在環境不過占了 10%。可我們卻在這個外在環境投入過度的心思和賦予過度的價值。當我們一旦與戀人發生糾葛，就會認定自己的不幸，有 90% 以上是這個外在環境造成的。

　　人在這個時候會忘了自己還有親愛的家人，備受肯定的職場和心靈互通的同性好友，天生的積極力量在這時也發揮不了作用。儘管大腦知道戀人不是好人、應該要分手，但是真的該分手時，意志卻發揮不了力量。

　　完全就是生活裡只有戀人，對他／她而言，戀人是左右自己

幸福的絕對存在。當戀人無禮對待自己，或表現出要離開的態度時，自己就成了電視劇裡，世上最可憐的主角。

儘管如此，等到真的熬過戀人造成的艱難時期，雖然因人而異，終究還是能會回到好像什麼事都沒發生過，能吃能睡的平靜生活。除了先天的積極性，這裡面還有與戀人的關係中，自己下定決心並付諸執行的意志力在作用著。

我們都不能忘了，自己不是被戀人的情緒起伏、關係變化，甚至是戀人的有無所左右的存在。你才是一個能讓自己幸福的存在。

在戀愛關係中，與其說幸福是取決於戀人的為人、對待你的方式，不如說是取決於你是以什麼樣的態度看待對方。

遇到不好的對象時，要能果斷結束彼此的關係，遇到好對象時要全力以赴，用一種「自己選擇的戀人是世界上最好的人」這種心態去對待對方。

我想起因初戀而吃盡苦頭的小春小姐。因為第一次談戀愛，對愛情懵懂無知，戀人多少有些不合理的刁難態度讓她很受傷，而且她也容忍了許多事。

朋友們因為心疼，給了她各種不同的建議，但小春小姐完全聽不進這些苦勸，依然全心全意的對待自己的男友。

其實朋友們並不知道，小春小姐並不是以乙方的立場單方面

在努力，而是小春小姐原本就是一個凡事全力以赴的人。

兼職的餐館、網咖、咖啡館的老闆想要提拔她成為正式員工的情形，更是家常便飯。剛踏入社會初期，從狹窄的獨居公寓到月租房再到全租房（一次付清較高的費用，不需每個月繳租金的租房方式，租金會在約滿後全額退還），在經濟拮据的情況下，她是那種為了還能存錢而心存感謝的人。

同樣的，她也全心全意的對待自己的初戀男友。後來當她得知男友腳踏兩條船時，她便毫不猶豫的立刻斬斷情絲。只是事後才發覺為時已晚的男友糾纏了她好一陣子，不斷地道歉，但她還是不留情面，把他踢開了。

我問她，既然是初戀，又在一起兩年了，會不會有一點留戀？她淡淡地說：「在一起時，我是全心全意的對待他，沒什麼好留戀的。」她是如此回顧自己已經結束的愛情。

這場戀愛中，表面上似乎是小春小姐居於乙方立場，為男友忍耐、付出許多，但我認為並非如此。在這場戀情中，其實小春小姐是以自身的意志在主導幸福。往後小春小姐一定還會有第二個戀情、第三個戀情，她必定還是會一樣全心全意經營和戀人的關係，並從中感受幸福。

假使她發覺那並不是她要的戀情時，應該也會展現果斷結束的勇氣。我想，未來的日子裡，小春小姐應該還是會像這樣主導自己的幸福。

給一定會幸福的你

　　我說過，戀愛就是你的世界和他的世界相遇在一起，拓展出更開闊的世界。心理學家埃里希‧弗羅姆（Erich Fromm）對此，更進一步提出愛不是只和某個特定人士相關的事，而是與全世界有所關聯。

　　他認為如果只顧著戀人而不關心其他人，那就完全稱不上是愛。戀愛應該是一種在超越自己時，也包容著對方的自我擴張（self-expansion）的能力。

　　（1）有些人的自我擴張僅限於本人。通常反社會者（Sociopath）或自戀者（Narcissist）便屬於此類，過去人們印象中會置家庭於不顧，一輩子我行我素的浪子，也是這類型的人。

　　（2）僅限於血源關係的家人之間的自我擴張。眼裡只有自己子女的父母，或像曾經發生社會事件，一位父親將大學入學考題洩漏給自己女兒，政治人物為子女關說、考取大學，或軍中不正之風等例子。

　　（3）在所屬的團體中發揮自我擴張。例如左派與右派的政治分流，對演藝人員或名人的崇拜，以特定區域為中心集結的現

象等。

（4）有些人的自我擴張，是投射在鄰居和他人身上。對於他人的事感同身受，或者見到別人有困難時想要伸出援手。

自我擴張的範圍有個需要考量的問題。那就是遇到某個關鍵時刻或需要讓步的狀況下，會出現什麼樣的自我擴張力。

比如我過得很幸福，擁有的很多，沒有半點損失的情況下，通常人們有時會表現出（4）的行為。但是當正義的女神一手拿著天秤、一手握著劍讓我們做出選擇時，這時表現出來的真面目，才是真正的我的自我擴張力。

比如戀愛時期約會時無比甜蜜的他（也許是單方面認為對方的自我擴張力至少也包括你在內）在有了孩子之後，卻無視於你育兒的辛苦，有時間就忙著玩線上遊戲，這樣的他的自我擴張力，是屬於（1）。

另外常見的是，強行要求妻子聽從婆婆過分要求的先生，這樣的自我擴張力是屬於（2），意味著非原始的家人的妻子，並不是自我擴張力範圍的對象。

其實，我們在選擇戀人時，和自己的自我擴張力相近的人在一起才會幸福。

自我擴張力強大的人本身就在幸福當中，我們也對自我擴張力強大的人容易產生好感。有些自我擴張力強的人比較會對他人的痛楚感同身受，是心態上樂於信任他人的安定型依戀的人。

具備自我擴張力的人，是能夠感受他人與世界之間連結感的人。這裡不是單純指有沒有戀人或在戀愛關係中是否幸福的問題，而是指顧全大局的幸福。也就是指除了戀人或愛情之外，關於人類普遍追求的幸福。

人類是從出生開始，便以自我為中心的狀態出生。甚至會把照顧自己的父母僅僅視為負責解決生活上的不便、作為你的手和腳的對象。等我們滿周歲後，才會開始自覺媽媽是他人，漸漸了解到媽媽以外的他人的存在意義。

我是為了什麼而活？我要的幸福是什麼？有什麼意義？人活著，至少會有一次問自己類似這種存在主義性質的問題，且主要都是在感到孤單、寂寞和挫敗時。此時，如果和某個人有所「連結」，就比較容易解開這些疑惑。

從小如果與父母有健全的心靈交流，那麼很容易就能找到自己的存在意義、明白自己值得被愛，並感受到幸福的情感。

學生時期如果受到排擠，會失去和朋友之間的「連結」，因而只能度過慘淡的青少年期。人類是不分你我習慣群居的動物，為了維持這樣的整體性，與別人有所連結是必要的事。

小時候被賦予的家人關係，或過了國、高中後，進入大學階段和社會生活，這樣的連結會變得更為主動和積極。像是選擇跟自己合得來的朋友，或選擇自己中意的戀人。

假使「歸屬感」是以外來的聚集或團體為主體，我身為個體是否屬於團體是主要意義的話，那麼「連結感」可以說是以自己為主體，與名為朋友或戀人的另一個主體之間，有著隱密且堅定的連結。

與戀人相遇、相戀進而走向婚姻，便能達到連結感的顛峰，這是因為透過自己的積極選擇，把緊密連結的對方也納入我的自我之中。從而進一步生下子女，再造更大的家庭藩籬的同時，自我擴張也會伸向另一個更大的世界，並產生連結感。

看著兩人創造出來的另一個人類「子女」的成長，守護他們人生的天下父母心，便是這種自我擴張的延伸。

時代不同了，也並非一定要結婚生子才能感受到與世界的連結。這是一個訴求多元化的世界，工作、興趣、價值觀，什麼都好，只要為自己的選擇全力以赴就好。

下頁圖是心理學上知名的「喬哈里之窗」（Johari Window），自我認知可分為圖中四個象限，是以美國社會心理學家喬瑟夫・盧夫特（Joseph Luft）與哈里頓・英漢姆（Harrington Ingham）兩人名字的頭一個字母命名。

你和我變得親近，意味著逐漸向對方增加「開放區」。隨著自我公開的程度增加，「隱秘區」「盲目區」「未知區」的領地就減少，「開放區」的領地增加。

	你的已知區域	你的未知領域
他人已知區域	**【開放區】** 自己知道 他人也知道的區域	**【盲目區】** 自己不知道 只有他人知道的區域
他人未知區域	**【隱密區】** 只有自己知道 他人不知道的區域	**【未知區】** 自己不知道，他人也不知道， 是一個無限可能的領域

　　有時看著身邊那些看起來完全不適合的情侶，或明明有另一半卻和第三者談戀愛的人總覺得無法理解。不過，如果仔細想想便不難發現，往往是彼此或某一方將「盲目區」放寬了。

　　比如看到「金泰希」，便稱讚她外表出眾、聰明、品行好，但是金泰希本人對這些讚美並不感興趣。但如果有人發現她自己都不知道的優點，就有可能讓她立刻產生好感。

　　像是「我發現泰希小姐說話很會抓重點，如果你寫文章應該會是一個很棒的作家。」對於幫自己拓展「盲目區」的人，人們通常會產生極大的好感，這樣的好感甚至可能變成讓人背叛身邊的戀人或伴侶的強大力量。

　　「喬哈里之窗」是常用於小說或電影、網路漫畫中描述羅漫史的陳腔濫調，常見的情節是主人翁愛上看出自己「盲目區」或「隱密區」的對象；「未知區」領地也常被用於好萊塢的英雄故事，比如電影《復仇者聯盟》裡的蜘蛛人和浩克。

　　可以確定的是，透過自我公開，使「開放區」的領地得以擴

展時，人們會對有助於放寬這個領域的對象產生尊重與好感。

可能有人會說，相愛的戀人之間，哪還需要特別講求尊重？但若對戀人保有尊重的心態，心中對對方的積極幻想就能維持得更久。此外，戀人之間的尊重並不是因為對方擁有比自己更優秀的地位或能力，而是基於他拓展了自己的「開放區」領地。

欣然接納原本的我，從我的身上發現連我都不知道的優點，然後與開啟我新世界的他共享私密的世界，並擴展這樣的世界。

相反的，有些人會限制戀人的行為，並想要將對方改造成符合自己喜好的模樣，比如女人一定要有一頭長髮、說話要文雅，不可以參加男女一起的工作研討會等，像這樣將自身的思考方式強加在對方身上，只會不斷的縮放戀人的「開放區」領地。

這樣的人並不關心戀人的世界是否更開闊，是否有所成長，於是對方也漸漸的不再表達看法、不再展現真正的自己。結果不僅是「開放區」，其他所有區塊也都會逐漸萎縮。在這種情形下，即便戀人是多麼傑出的社會人士，也都無法對他產生半點尊重的想法。

對戀人來說，我是什麼樣的人？對我而言，戀人是什麼樣的人？一如電影或戲劇、小說裡面的故事，彼此互相為對方擴展「開放區」的領地，將對方領向更開闊的世界，然後微笑欣賞對方在那開闊的世界自在玩耍的身影，但願各位都是這美好場景裡的男女主角。

但願有一盞明燈，
照亮你心裡的窗。

·

Love is you.

Eurasian Publishing Group
圓神出版事業機構
用心與你對話．視野無限寬廣

如何出版社
Solutions Publishing

www.booklife.com.tw

reader@mail.eurasian.com.tw

Happy Learning 203

你的愛情就像你自己：

SBS常駐心理師，集15年諮商經驗，找到愛的解答

당신의 사랑은 당신을 닮았다

作　　者／全美暻
譯　　者／徐若英
發 行 人／簡志忠
出 版 者／如何出版社有限公司
地　　址／臺北市南京東路四段50號6樓之1
電　　話／（02）2579-6600 · 2579-8800 · 2570-3939
傳　　真／（02）2579-0338 · 2577-3220 · 2570-3636
總 編 輯／陳秋月
副總編輯／賴良珠
責任編輯／丁予涵
校　　對／丁予涵 · 柳怡如
美術編輯／蔡惠如
行銷企畫／陳禹伶 · 鄭曉薇
印務統籌／劉鳳剛 · 高榮祥
監　　印／高榮祥
排　　版／陳采淇
經 銷 商／叩應股份有限公司
郵撥帳號／ 18707239
法律顧問／圓神出版事業機構法律顧問　蕭雄淋律師
印　　刷／祥峰印刷廠
2022年5月 初版

Original Title: 당신의 사랑은 당신을 닮았다
Your Love Resembles You by Jun Mee-kyung
Copyright © 2021 by Jun Mee-kyung
All rights reserved.
Original Korean edition published by Gilbut Publishing Co., Ltd., Seoul, Korea
This Complex Chinese edition is published by arrangement with Gilbut Publishing Co., Ltd.
through 連亞國際文化傳播公司(Linking-Asia International Co., ltd)
Chinese (in Tradition character only) translation rights © 2022 by Solutions Publishing,
an imprint of Eurasian Publishing Group

定價 400 元　　　　ISBN 978-986-136-621-0

好關係是聊出來的！

心理學大師阿德勒曾說：「所有的問題都是人際關係的問題。」

但聊天力並非天生，要靠後天學習，你所欠缺的，其實只是一個機會！本書為你實境模擬避免NG聊天，建立話題資料庫，提升語言與非語言表達力，營造好感度，維繫穩定關係，學會愛情攻防，從此不再輕易被句點！如果你這輩子只想買一本追求伴侶的書，那麼不用再找了，就是這本。

——《一開口撩人又聊心》

◆ **很喜歡這本書，很想要分享**

圓神書活網線上提供團購優惠，
或洽讀者服務部 02-2579-6600。

◆ **美好生活的提案家，期待為您服務**

圓神書活網 www.Booklife.com.tw
非會員歡迎體驗優惠，會員獨享累計福利！

國家圖書館出版品預行編目資料

你的愛情就像你自己：SBS常駐心理師，集15年諮商經驗，找到愛的解答／全美瞳 作；徐若英 譯. -- 初版. -- 臺北市：如何出版社有限公司，2022.05
256面；14.8×20.8公分. --（Happy learning；203）
譯自：당신의 사랑은 당신을 닮았다
ISBN 978-986-136-621-0(平裝)
1.CST：戀愛心理學 2.CST：兩性關係
544.37014   111003877